GIAN VITTORIO AVONDO

IL '68 A TORINO

Edizioni del Capricorno

Edizioni del Capricorno
Corso Monte Cucco, 73
10141 Torino
Tel. 011 385.36.56
Fax 011 382.05.49
info@edizionidelcapricorno.com
www.edizionidelcapricorno.com
facebook.com/EdizionidelCapricorno

ISBN 978-88-7707-369-3

Coordinamento editoriale: Roberto Marro, Chiara Pibiri
Progetto grafico: Bruno Scrascia
Copertina: Davide Nadalin, Brains Graphic Studio
Impaginazione e gestione immagini: Giulia Ferrero
Stampa: Stamperia Artistica Nazionale, Trofarello (TO)

SOMMARIO

Introduzione *Una generazione riflessiva* 4

1. Un boom che aveva esaurito la sua spinta 7
2. Torino operaia: una lunga esperienza di lotta 17
3. I prodromi del '68: la rivolta di piazza Statuto del luglio 1962 31
4. 27 novembre 1967: un anticipo di '68 a Palazzo Campana 49
5. Torino: un '68 studentesco e operaio 79
6. Oltre il '68 121
7. L'eredità del '68 147

Bibliografia 164

Ringraziamenti 167

INTRODUZIONE

UNA GENERAZIONE RIFLESSIVA...

Per chi si accinge a svolgere una ricerca sul periodo della guerra di liberazione dal nazifascismo, non è difficile reperire immagini di scontri, personaggi, momenti di vita quotidiana dell'epoca. Non è così facile fare la stessa operazione per il periodo del '68: fotografie di cortei e momenti di assemblea sono reperibili negli archivi dei quotidiani, dei periodici o dell'ANSA, ma di rado negli archivi privati anche di chi a quel tempo rivestì ruoli di primo piano. Perché? Di sicuro, in quegli anni si dava ancora troppo poco rilievo alla fotografia come documento di valore storico: la cosiddetta «civiltà dell'immagine» era ancora di là da venire, e non era consueto, se non per i fotografi di professione o per gli appassionati, andare in giro con un apparecchio fotografico.
Tuttavia, forse esiste una ragione più sottile, e va ricercata da un lato nella spontaneità, nella genuinità e nella conseguente ritrosia dei primi leader del movimento studentesco nato nel '68, e dall'altro dalla tendenza a considerare la fotografia stessa, intesa come esercizio artistico, espressione di un modello borghese destinato ben presto a scomparire con tutto il sistema di cui faceva parte. Oltre cioè a considerare «snobismo» l'ambizione di immortalarsi, di esibirsi e porsi in primo piano alla testa di un corteo o seduto al tavolo di un'assemblea, si tendeva anche a considerare il gesto fotografico come privo di valore, poco concreto e certo più proprio delle classi egemoni che di quelle subalterne.
Questo particolare non potrà sfuggire a chi si accinge a svolgere una ricerca sull'argomento, così come apparirà subito chiaro che con il passare degli anni il periodo in questione si caratterizzerà sempre più come una tra le tappe fondamentali della storia del nostro Paese, così come lo erano state la Resistenza, il Biennio Rosso, l'ascesa del fascismo... Tutti eventi di cui, compatibilmente con il momento storico, ci rimangono molte più testimonianze sul piano iconografico. Ciò, com'è ovvio, rappresenta un vero handicap, in quanto la fotografia è ormai a pieno titolo una tra le più autorevoli fonti storiografiche, e perché di certi momenti e di alcune situazioni molto significative manca del tutto una documentazione visiva.
Nonostante questa grave carenza, il '68 emerge sempre più come momento storico di grande significato, perché matrice degli eventi che ne conseguirono, con aspetti tanto positivi quanto negativi. Se tra i primi si possono considerare il rinnovamento della scuola, una base di diritto allo studio più allargata, l'elevamento delle condizioni di esistenza delle classi subalterne, il potenziamento del Welfare State e l'inizio della maggiore equità sociale che caratterizzò gli anni Ottanta-Novanta, dall'altra non si può negare che dal '68, in modo diretto o indiretto, derivarono il terrorismo e gli anni di piombo e una lunga fase di conflittualità sociale e di scontri di piazza con la polizia.

Guardando quel tempo in retrospettiva e comparandolo con ciò che accadde poi, non si può in ogni caso fare a meno di constatare che quella sessantottina fu una generazione riflessiva, con tutta probabilità l'ultima che è possibile definire in questo modo. Quest'affermazione, che può sembrare arbitraria e priva di qualsiasi elemento probante, viene dal fatto che, nei tempi che seguirono, chi si dedicò all'organizzazione di qualsivoglia iniziativa di protesta politica o sociale lo fece in un modo che appare più superficiale, con una base di dibattito meno seria e approfondita e individuando forme di lotta e slogan meno inventivi ed efficaci.

Ciò vale per esempio per i venti di protesta che attraversarono il mondo della scuola a fine Novecento, dalla Pantera degli anni Ottanta-Novanta, alla cosiddetta Jurassic School di poco posteriore, all'ampio fronte nato nei primissimi anni Duemila in contrapposizione alla riforma Gelmini. In tutti questi movimenti, in sostanza, mancava ciò che permette di definire «riflessivi» i giovani della contestazione per antonomasia: la voglia di costruire e non solo abbattere, l'idealizzazione e la teorizzazione di un mondo davvero migliore, l'approfondimento dei temi, lo studio, la ricerca di metodi alternativi in tutti gli ambiti.

Perché si possono considerare questi giovani in un certo senso superiori per livello culturale rispetto a quelli che li seguirono? Per tanti motivi, certo, riguardo i quali non si possono che azzardare ipotesi. Forse ebbero queste caratteristiche perché furono gli ultimi figli della scuola gentiliana: una scuola classista e ricca di tutte quelle prerogative che loro stessi volevano affossare, ma altresì ricchissima di contenuti culturali e di docenti di qualità. Certo, poi, i ragazzi del '68 furono anche gli ultimi a non aver subito (almeno fino a quegli anni) il pesante condizionamento dei media, a non essere cioè stati vittime di quella sorta di ottenebrazione causata da una sostanziale superficialità nelle scelte formative e dal reperimento di fonti d'informazione molto spesso manipolate o comunque meno dettagliate e affidabili. Di lì in avanti si è proceduto in fretta verso un degrado progressivo delle agenzie culturali: la scolarizzazione di massa, pur auspicabile, in molti casi ha purtroppo significato un sostanziale adeguamento a un livello inferiore di competenze scolastiche; così pure la crescita personale degli individui, costruita ormai su basi molto più accessibili, ma con contenuti molto più modesti e talvolta discutibili.

E questo non solo nella scuola, perché anche nel mondo del lavoro dei nostri tempi va registrata la totale scomparsa della classe operaia tradizionale, quella portatrice di ciò che proprio ai tempi del '68 si chiamava «coscienza di classe», sempre più marginalizzata dall'avvento della robotica, delle macchine a controllo numerico e dalla totale *sprofessionalizzazione*.

Questo, in definitiva, è ciò che ci permette di sostenere che quella generazione fu probabilmente migliore di quelle a seguire; una conferma indiretta può essere individuata nel fatto che i leader di quei tempi, nella buona parte dei casi, giunsero a occupare nel Paese spazi culturali e ruoli di prima grandezza.

Pinerolo, novembre 2017
Gian Vittorio Avondo

La Fabbrica Grandi Motori FIAT (da Mario Governato e Giuseppe Radatti, *Torino anni Cinquanta nelle cartoline d’epoca*, Edizioni del Capricorno 2014).

1. UN BOOM CHE AVEVA ESAURITO LA SUA SPINTA

La Torino degli anni che precedono il '68 è una città sospesa tra sviluppo e regressione. Lo sviluppo è quello determinato dalla spinta del boom economico dei primi anni Sessanta, dalla motorizzazione sempre più diffusa e sostenuta dal potenziamento della rete stradale e dei trasporti, e dall'espansione urbanistica. Invece, pur non essendo ancora così manifesta, la regressione cominciava a dar segno di sé nella crisi delle industrie tessili dislocate allo sbocco delle vallate alpine della provincia (Perosa Argentina e la val Chisone, la val di Susa, il Canavese), in quella legata all'abbandono della terra in cui stava sprofondando l'agricoltura, nel deficit occupazionale dovuto al sempre più massiccio utilizzo di manodopera femminile e di provenienza allogena, cioè dal Mezzogiorno, nell'industria.
Torino, insomma, fulcro di quello che un tempo era conosciuto come il «triangolo industriale», stava rallentando la sua spinta, che nel non lontano 1962 l'aveva portata a raggiungere e superare, come il sindaco Amedeo Peyron annunciava il 5 febbraio, il milione di abitanti (saranno 1.200.000 nel 1974, per poi iniziare a scendere), e a diventare polo di prima grandezza, oltre che tecnologico, anche scientifico-universitario.
Com'è ovvio, tutto ciò aveva implicato profonde trasformazioni anche sul piano sociale e urbanistico, portando la città a espandersi soprattutto nei suoi settori nord e sud, rispettivamente dislocati nei pressi dello snodo autostradale Aosta-Milano e del grande insediamento industriale di Mirafiori. Nel primo caso l'ampliamento interessò soprattutto, a fine anni Cinquanta, i quartieri di Barriera di Milano e Falchera: l'uno un borgo operaio sviluppatosi attorno alle Officine Grandi Motori, l'altro antico borgo contadino dislocato lungo la strada verso Leinì e il basso Canavese. Nel caso di Mirafiori, invece, l'ampliamento fu concentrato nell'area circostante il grande stabilimento FIAT sorto nel 1939, ma ricostruito vent'anni dopo a seguito dei danni subiti in guerra, e interessò la vasta area abitativa compresa tra il corso del Chisola e i quartieri circostanti l'imponente fabbricato dei «Poveri Vecchi» e gli stadi Comunale e Filadelfia, in cui giocavano le due squadre di calcio cittadine. Com'è ovvio, si trattava di trasformazioni urbanistiche assai impegnative, cui forse non erano conseguite sufficienti previsioni relative alla composizione sociale che si sarebbe creata nei nuovi quartieri. Tantomeno si era pensato all'impatto estetico generato dalle nuove aree di sviluppo, caratterizzate dalla totale assenza di verde, con i grandi condomini dislocati lungo vie rettilinee e attorno a oscuri cor-

La chiesa del quartiere Falchera negli anni Cinquanta (da Mario Governato e Giuseppe Radatti, *Torino anni Cinquanta nelle cartoline d’epoca*, Edizioni del Capricorno 2014).

Case del quartiere Falchera (da Mario Governato e Giuseppe Radatti, *Torino anni Cinquanta nelle cartoline d'epoca*, Edizioni del Capricorno 2014).

Un gruppo di case INA in corso Giovanni Agnelli (numeri 138-148) a Mirafiori, agli inizi degli anni Cinquanta (da Mario Governato e Giuseppe Radatti, *Torino anni Cinquanta nelle cartoline d'epoca*, Edizioni del Capricorno 2014).

La FIAT Mirafiori negli anni Cinquanta.

tili interni sorti in luogo di antichi cascinali o, a Barriera di Milano, di case di ringhiera.
La trasformazione della città e il moltiplicarsi di nuovi insediamenti industriali furono poi anche responsabili dei radicali mutamenti economico-sociali avvenuti nei comuni della prima e della seconda cintura torinese, aree agricole dove si stava consolidando la tendenza generazionale che vedeva i giovani abbandonare le campagne per cercare lavoro in fabbrica. Ciò fece sì che interi insediamenti rurali si trasformassero in villaggi-dormitori, dai quali si partiva alle prime ore dell'alba per affrontare un viaggio più o meno lungo per raggiungere il posto di lavoro e ai quali si faceva ritorno la sera. Il fenomeno del pendolarismo, in sostanza, rappresentò un evento importante e significativo, capace in quegli anni di trasformare l'economia dell'area torinese.
Fu responsabile, per esempio, della nascita di una nuova figura sociale, che rappresentava l'ideale anello di congiunzione fra il mondo contadino e quello industriale: il «metalmezzadro». Costui, costretto dall'evoluzione dei tempi e dal costo della vita in perenne incremento all'impiego in fabbrica, non si rassegnava a troncare il rapporto che lo legava alla terra, e finite le otto ore di lavoro in officina dedicava quelle che gli rimanevano libere alla cura dell'orto

o degli animali domestici. In un'intervista, sosteneva a questo proposito l'urbanista Francesco Indovina:

> Nei decenni scorsi ci è sembrato rilevante l'emersione della famiglia contadina allargata, del «metalmezzadro» che con i suoi piccoli capitali (la prole, tre campi, la casa contadina e ovviamente una «coerente» politica pubblica), ha realizzato una sorta di «rivoluzione del piccolo proprietariato», trasformando a sua immagine e somiglianza un territorio abitato. (Laura Fregolent, Michelangelo Savino [a cura, di], *Economia, società, territorio. Riflettendo con Francesco Indovina*, Franco Angeli, Milano 2013, p. 162)

Lo stesso fenomeno del pendolarismo fu anche all'origine dello sviluppo della rete stradale, del potenziamento di quella ferroviaria (i tempi delle dismissioni delle linee erano di là da venire), dei profitti che in quegli anni realizzarono le industrie meccaniche (FIAT su tutte) e le società private di trasporto. Tutto questo fermento, che sul piano economico-sociale stava prefigurando una società nuova di là da venire, non era supportato da una politica adeguata. A livello locale il potere politico-amministrativo era in mano ai

Gli scontri di Genova del 1960, quando uno sciopero tentò di bloccare il congresso dell'MSI.

Reggio Emilia, 1960: il corpo di Lauro Farioli, ucciso dalla polizia durante la manifestazione contro l'appoggio dell'MSI al governo Tambroni.

comuni e alle amministrazioni provinciali – essendo quelle regionali non ancora istituite (lo saranno solo nel 1970) –, che però non disponevano ancora di strumenti legislativi efficaci a favorire e governare uno sviluppo economico significativo. Il miracolo italiano, insomma, stava rivelando due diverse facce della stessa medaglia.

Scriveva Giuseppe Mammarella in un saggio storico uscito a ridosso degli anni di cui stiamo parlando:

> Il dato più vistoso del boom era rappresentato dal fortissimo squilibrio tra il ritmo di sviluppo dell'industria e quello dell'agricoltura. Il fenomeno appariva di tali proporzioni che alcuni economisti lo teorizzavano riconoscendolo tipico di un'economia «duale» cosiddetta per la coesistenza di due diversi sistemi economici, ciascuno governato secondo regole proprie, caratteristico l'uno di un'economia altamente sviluppata, con livelli soddisfacenti di reddito, l'altro di un'economia pre-industriale a basso livello di investimenti, caratterizzata da tecnologie arretrate e da redditi insufficienti. (Giuseppe Mammarella, *L'Italia dopo il fascismo. 1943-1973*, Il Mulino, Bologna 1975, p. 380)

Sul piano nazionale, l'inizio del decennio era stato segnato dall'esperienza disastrosa e dai morti in piazza di cui era stato responsabile nel 1960 il governo Tambroni, monocolore democristiano sostenuto all'esterno dai voti dell'MSI dell'ex vicefederale Arturo Michelini: il 7 luglio 1960, a Reggio Emilia, nel corso di una manifestazione sindacale e politica contro l'appoggio fornito dall'MSI al governo monocolore democristiano a guida Tambroni, furono uccisi dalla polizia Lauro Farioli, Ovidio Franchi, Emilio Reverberi, Marino Serri e Afro Tondelli, quattro operai e un contadino, tutti militanti del PCI.

Nel 1962, sotto la guida di Amintore Fanfani, prese vita il primo governo di centrosinistra, composto, oltre che dai democristiani, da socialdemocratici e repubblicani. In quello stesso anno, il governo Fanfani avrebbe varato due riforme importanti: la nazionalizzazione della rete elettrica, con la conseguente nascita dell'ENEL, e la riorganizzazione delle scuole superiori di primo grado, con la nascita della scuola media unica, fondamentale per l'estensione del diritto allo studio alle fasce sociali più deboli. Dopo l'ingresso, a dicembre, dei socialisti di Pietro Nenni nella maggioranza, le elezioni del 1963 non fecero che confermare la tendenza alla formazione di governi orientati a sinistra.

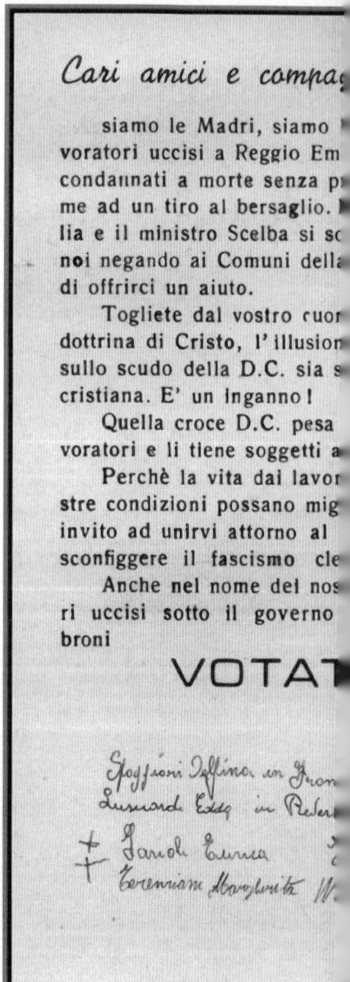
Cari amici e compa

siamo le Madri, siamo
voratori uccisi a Reggio Em
condannati a morte senza p
me ad un tiro al bersaglio.
lia e il ministro Scelba si sc
noi negando ai Comuni della
di offrirci un aiuto.

Togliete dal vostro cuor
dottrina di Cristo, l'illusion
sullo scudo della D.C. sia s
cristiana. E' un inganno!

Quella croce D.C. pesa
voratori e li tiene soggetti a

Perchè la vita dai lavor
stre condizioni possano mig
invito ad unirvi attorno al
sconfiggere il fascismo cle

Anche nel nome dei nos
ri uccisi sotto il governo
broni

VOTAT

L'ampliamento dell'area governativa corrispondeva a una dinamica che in quegli ultimi anni si andava consolidando non solo nel Paese, ma a livello globale. Il cambiamento era stato favorito dalla forte svolta riformatrice imposta alla Chiesa da Giovanni XXIII e dal conseguente dibattito di rinnovamento strutturale del Cattolicesimo innescatosi all'apertura del Concilio Ecumenico Vaticano II, nonché dal nuovo corso della politica degli Stati Uniti, dove personaggi come John e Robert Kennedy stavano procedendo allo smantellamento di un apparato governativo conservatore, e permeato da norme spesso ancora concepite sulla base del principio della segregazione razziale e della modulazione dei diritti secondo il colore della pelle e la condizione sociale.

A Torino, come in tutto il Nord industrializzato d'Italia, la seconda metà degli anni Sessanta corrispose dunque a una fase storica segnata dalla profonda evoluzione che si stava manifestando tanto sul piano economico quanto su quello politico e sociale. Ne furono fattori determinanti il significativo incremento del livello di scolarizzazione, dovuto anche all'estensione dell'obbligo scolastico, che proprio in quegli anni era stato elevato ai 14 anni (ovvero fino alla fine del ciclo inferiore di studi); una maggior partecipazione al dibattito politico, generata probabilmente dal coinvolgimento di buona parte della popolazione nella guerra di liberazione dal nazifascismo (di cui Torino e i torinesi furono protagonisti), e dalla conseguente democratizzazione del Paese.

Volantino del PCI, che riporta anche le fotografie dei cinque morti della manifestazione di Reggio Emilia.

Anno 20 - N. 5 - L. 0,50

Proletari di tutti i Paesi, unitevi!

15 Marzo 1943

Vogliamo che le 192 ore e il caro-vivere siano pagate a tutti gli operai!

L' unità

Organo centrale del Partito Comunista d'Italia

Fondatori: A. GRAMSCI e P. TOGLIATTI ("Ercoli")

Impediamo la partenza di altre truppe italiane per il fronte orientale!

SCIOPERO DI 100.000 OPERAI TORINESI

IN TUTTO IL PAESE SI SEGUA IL LORO ESEMPIO PER CONQUISTARE IL PANE, LA PACE E LA LIBERTA'

EVVIVA GLI SCIOPERANTI DI TORINO

Dal 5 Marzo nelle fabbriche di Torino - alla Fiat Mirafiori, alla Grandi Motori, alla Westinghause, alla Nebiolo, alle Officine di Savigliano, alle Ferriere Piemontesi, alla Microtecnica, alla Pirotecnica, all'Areonautica, alla Villar Perosa e in molti altri stabilimenti - oltre 100.000 operai scioperano. Da più di una settimana, alle dieci d'ogni mattino, si spengono nei reparti i fragori delle macchine, lo stridore delle lime, il rimbombo dei martelli; si arrestano gli sforzi muscolari, si rilassa la tensione nervosa del lavoro a catena; i volti si levano dignitosi ed energici dalle macchine e dai banchi; le braccia si incrociano: ***SCIOPERO!***

Una massa imponente di uomini, che il fascismo credeva di aver ridotti a delle miserabili appendici delle macchine e degli strumenti, afferma con un atto unanime e deciso la sua dignità, la sua forza, il suo diritto.

Nessuna legge, nessun decreto, nessuna manovra ha potuto arrestare fin'ora questo grandioso movimento. I tentativi del Segretario provinciale dei Sindacati Fascisti, Balletti, del Federale e del Prefetto che ha fatto penetrare la poliziottaglia negli stabilimenti, non hanno potuto piegare la ferma decisione degli operai di Torino, non hanno potuto rompere i solidi legami che uniscono nella lotta gli operai di ogni tendenza politica, di ogni fede religiosa. L'intervento di questi gerarchi non ha fatto che rivelare alle masse le loro funzione di agenti dell'hitlerismo, di nemici del popolo, di traditori della Patria.

Per che cosa scioperano, che cosa vogliono gli operai di Torino?

Essi rivendicano che le 192 ore dello sfollamento siano pagate indistintamente a tutti gli operai; un caro-vita adeguato allo scandaloso aumento dei prezzi; delle razioni di pane, carne, grassi corrispondenti al minimo fisiologico. Essi scioperano dunque per delle rivendicazioni sacrosante; essi scioperano per scuotere dalle loro spalle, e da quelle delle loro famiglie, il peso insopportabile delle privazioni, dei sacrifici, della fame che la guerra di Hitler e Mussolini rovescia sulle masse popolari.

Colla loro azione ferma e coraggiosa gli operai di Torino stanno dimostrando che la classe operaia, quand'è ***unita***, può tener testa, in qualsiasi situazione, alla tracotanza dei profittatori di guerra e alla repressione fascista. Ma l'unità di lotta, il coraggio e la fermezza della classe operaia non possono restare una manifestazione locale; queste virtù proletarie debbono estendersi agli operai di tutta Italia per poter sventare i piani di affamamento dei pescicani e dei gerarchi.

Una cosa s'impone dunque con urgenza: l'intervento nella lotta - collo stesso metodo dello sciopero - degli operai di Milano, di Genova e di tutti i centri industriali della Penisola.

Le rivendicazioni per cui scioperano gli operai di Torino sono comuni e sentite dagli operai di tutta Italia; ***l'estensione del movimento permetterà alla classe operaia italiana di conseguire una vittoria decisiva***.

Non c'è un minuto da perdere: ***in ogni fabbrica d'Italia il lavoro deve cessare***, non soltanto per un atto di solidarietà col proletariato torinese, ma perchè gli interessi della classe operaia italiana lo esigono.

Gli scioperi di Torino sollevano delle ondate di simpatia e di speranza in tutti gli strati del popolo italiano; essi hanno l'appoggio di tutta la Nazione che vuol farla finita colla guerra e col brigante di Palazzo Venezia che ha venduto l'Italia ad Hitler. Gli scioperi di Torino assumono in questa situazione un'importanza straordinaria: essi possono diventare il punto di partenza di lotte popolari imponenti ed irresistibili per ***il Pane, la Pace e la Libertà***.

I SOLDATI ITALIANI NON DEVONO PARTIRE PER IL FRONTE ORIENTALE

L'Ordine del Giorno di Mussolini all'VIII Armata italiana, che è stata fatta sterminare sul fronte orientale per i tedeschi, è un atroce insulto ai morti sacrificati per conto di Hitler nelle steppe del Don. Solo Mussolini poteva spingere il suo tradimento verso la Patria fino a questi estremi.

L'VIII Armata italiana composta dal fiore della nostra gioventù, non esiste più. Dichiarazioni di ufficiali e soldati dell'VIII Armata, miracolosamente superstiti, concordano nel dichiarare che essa non solo è stata battuta ma annientata.

Il colonnello Mario Bianchi della Divisione «Ravenna», caduto prigioniero dei combattenti rossi ha dichiarato che del suo Reggimento che si componeva di 3000 uomini, al 19 Dicembre, in un solo giorno di combattimento, ne rimanevano ancora 300. Tutti gli altri furono uccisi.

Il colonnello Giovanni Colchini del 37.o fanteria, ha dichiarato che già nel mese di Ottobre il suo Reggimento era ridotto a 1800 uomini. Ricostruito in parte, molti uomini morirono di freddo durante il mese successivo, finchè iniziatasi l'offensiva sovietica, il 37.o fu completamente disfatto.

«La disfatta dell'Armir supera quella di Caporetto», ha dichiarato Luigi Longo comandante della 3.a Divisione motorizzata.

Solo Mussolini, che al tragico inganno e tradimento osa aggiungere la beffa dell'Ordine del Giorno, può esaltare un'impresa così disastrosa come l'invio dell'VIII Armata contro un paese che non aveva mai minacciato l'Italia.

Nella nostra storia patria sono fissate a lettere d'oro, sono impresse nei cuori di tutti gli italiani le imprese come quella delle ***Cinque Giornate di Milano***, ma sono maledette le aggressioni contro paesi che lottano per la loro indipendenza.

Mussolini mentre nasconde al Paese che l'VIII Armata è stata annientata, afferma, con cinismo, che le unità dell'ARMIR saranno riorganizzate e completate.

Mussolini con il suo O. d. G. si propone di fare accettare al nostro popolo le nuove esigenze di Hitler portate a Roma dal commesso irreggiatore della morte, signor Ribbentrop (Rubentrop!). Mussolini con il suo O. d. G. vuole preparare il Paese all'invio sul fronte orientale di altre centinaia di migliaia di giovani vite italiane.

Impediamo che altre centinaia di migliaia di italiani siano inviati sul fronte orientale a sacrificarsi e a morire come quelli dell'Armir a profitto dei tedeschi.

I soldati italiani non devono più partire nè per il fronte orientale, nè per altri fronti. Essi devono essere restituiti alle loro famiglie.

IL FRONTE NAZIONALE

Il capovolgimento della situazione militare a favore delle Nazioni Unite solleva ovunque una ondata di entusiasmo, imprime alle forze progressive di tutti i paesi occupati dai briganti hitleriani, nuovo slancio alla loro lotta di liberazione.

Nel nostro Paese il fronte interno sta scricchiolando, sia dal punto di vista dello stato d'animo delle masse come delle risorse di cui dispone il regime per correre ai ripari.

E' in tale situazione che sorgono e risorgono nel nostro Paese i partiti e le organizzazioni, i movimenti e le correnti di opinione anti-fascista, che sovente hanno come basi programmatiche soluzioni ***per il dopo-fascismo***, senza tenere abbastanza conto del fatto, triste ma inoppugnabile, ***che il fascismo non è ancora caduto*** e che perciò il ***dopo-fascismo*** resta ancora una meta da raggiungere, da conquistare.

Chi non vede che ***il domani*** è il figlio ***dell'oggi***, non può neppure vedere e quindi riconoscere che senza la partecipazione diretta del popolo alle lotte decisive che stanno oggi di fronte alla nazione, vi potrà forse essere un dopo-fascismo che non avendo però avuto per protagonista le masse popolari sarà pieno di gravi conseguenze storiche, politiche ed economiche per il nostro Paese.

Il popolo italiano non deve essere sospinto a rifugiarsi in un atteggiamento opportunistico, ed aspettare passivamente la vittoria delle Nazioni Unite. I partiti e i movimenti antifascisti avrebbero ben torto di non fare tutto quanto è possibile per vincere ***l'inerzia dell'attesismo***, la quale, tra l'altro, porterebbe a ridurre a ben poca cosa la loro funzione di ***domani***.

Gli obiettivi che stanno ***oggi*** di fronte al popolo italiano sono fissati dal dovere che abbiamo noi tutti ***di salvare il Paese dalla catastrofe totale prima che sia troppo tardi***.

Ciò significa che le avanguardie coscienti dei vari strati sociali che compongono la Nazione devono unire la loro forza nel F. N. d'A. per portare le massa su cui esercitano la loro influenza politica, alla lotta per la ***pace separata immediata dell'Italia, per provocare la rottura della mostruosa alleanza con la Germania hitleriana imposta da Mussolini al Paese, per l'abbattimento del regime fascista e la conquista delle libertà democratiche.***

RAZIONAMENTO, PREZZI E SALARI

Le condizioni di vita della classe lavoratrice nel nostro paese sono molto gravi.

Dal 1940 il salario e gli stipendi dei lavoratori sono stati bloccati, mentre durante lo stesso periodo di tempo i prezzi dei generi di largo consumo sono aumentati in media del cento per cento.

Le misure di razionamento dei generi alimentari sono state di volta in volta sempre più inasprite, al punto che oggi in Italia la raziona-base del pane, carne e grassi è molto inferiore a quella dei tedeschi, e il suo consumo sviluppa appena 954.2 calorie mentre secondo i dati forniti a suo tempo dall'Ist. Naz. Fasc. Prev. Soc., per poter condurre un'esistenza normale occorrerebbero all'uomo almeno 3856.2 calorie.

Le conseguenze di questo stato di cose creato da Mussolini sono molto gravi. Lo stato fisiologico del nostro popolo peggiora a vista d'occhio, e diviene facile preda delle malattie ed epidemie. Per queste ragioni il movimento degli scioperi scoppiato a Torino, che mira ad ottenere per i lavoratori un caro-vivere, un aumento della razione-base dei generi di largo consumo e il pagamento delle 192 ore, è un movimento giusto, fatto nell'interesse di tutto il popolo italiano.

Solo gli hitleriani, solo lo straniero che ci è nemico, è interessato acchè lo stato fisiologico del nostro popolo peggiori sempre più.

Gli italiani onesti, che hanno a cuore l'avvenire del nostro Paese, hanno il dovere di appoggiare e di estendere a tutta l'Italia il movimento degli operai di Torino

La prima pagina dell'*Unità* del 15 marzo 1943, che riporta la notizia degli scioperi di Torino iniziati il 5 marzo.

2. TORINO OPERAIA: UNA LUNGA ESPERIENZA DI LOTTA

La vocazione industriale di Torino e del Torinese parte da assai lontano, e risale addirittura alla fine del XVIII e inizio XIX secolo, quando, attratti dalla grande quantità di acqua disponibile agli sbocchi delle vallate alpine nel Pinerolese, in val di Susa e nel Canavese, alcuni imprenditori – per lo più tedeschi o svizzeri – impiantarono alcune filature e tessiture di seta e cotone, che si pongono all'origine dello sviluppo economico di quelle aree.

La Manifattura Tabacchi in corso Regio Parco (da AA.VV., *Mille saluti da Torino*, Edizioni del Capricorno 2002).

La prima grande industria cittadina a Torino fu la Manifattura Tabacchi, sorta fin dal 1758 come Regia Fabbrica del Tabacco, che impiegava un'ingente quantità di manodopera, in prevalenza femminile. Per quanto le donne a quei tempi fossero in genere poco politicizzate, le operaie della manifattura furono tra le prime a scioperare durante le famose manifestazioni

Le Officine Grandi Motori, in corso Vercelli (da AA.VV., *Mille saluti da Torino*, Edizioni del Capricorno 2002).

Collegno, il villaggio Leumann e la tranvia Torino-Rivoli negli anni Cinquanta.

che avvennero durante la Grande Guerra nell'agosto 1917, per protestare contro la penuria e l'aumento dei prezzi dei generi alimentari, e soprattutto del pane, che la guerra aveva provocato.

La fine dell'Ottocento costituì la vera epopea dell'industrializzazione torinese, con la nascita di numerosi opifici per la lavorazione della seta e di altri filati in Borgo Dora e alla periferia ovest della città. Qui, nel 1875, l'imprenditore svizzero Leumann impiantò una fabbrica per la lavorazione del cotone, accanto alla quale fece nascere uno tra i primi villaggi industriali d'Italia, il villaggio Leumann, dove le maestranze dello stabilimento potevano risiedere con le famiglie, onde poter abbattere i tempi di trasferimento tra casa e lavoro. A fine XIX secolo, accanto a queste aziende sorsero anche alcune birrerie (Menabrea, Bosio-Caratsch, Metzger), industrie dolciarie (Caffarel, Talmone, Baratti e Milano), la CEAT per la produzione di cavi elettrici, le Officine Savigliano, dove già si costruiva materiale rotabile per le ferrovie, e infine, nel 1899, la FIAT, destinata sin da subito a dare un forte imprinting alla storia, all'economia e all'organizzazione sociale della città.

Torino, quindi, già dalla seconda metà del XIX secolo si caratterizzò come la più grande città operaia d'Italia; la sua vocazione, dapprima commerciale (importante anche il settore della ristorazione e dei caffè-bistrot: Fiorio, Platti, Pepino e altri), agricola e fluviale (il Po rappresentava un grande indotto economico per la pesca, i trasporti e le attività complementari, come quella esercitata lavandaie e dai traghettatori), subì una rapida quanto irreversibile evoluzione.

Come appare ovvio, quest'importante trasformazione dell'economia e dell'urbanistica cittadina avvenuta tra fine Ottocento e inizio Novecento comportò altresì un profondo mutamento nelle componenti sociali della città, che vide crescere in maniera cospicua, al suo interno, la massa dei diseredati e di coloro che Marx definiva «proletari». Com'è naturale, ciò comportò un significativo incremento della conflittualità tra le classi, che esplose già con gli scioperi di fine Ottocento, ma soprattutto con quelli del ventennio successivo l'inizio del secolo. In particolare, come già ricordato in precedenza, i moti per il «caropane» dell'agosto 1917, alla fine dei quali rimasero sul terreno una cinquantina di morti tra i manifestanti e ben dieci tra i soldati mandati a reprimere la sollevazione.

Altri scioperi importanti che coinvolsero, oltre il resto, tutte le aziende meccaniche del Torinese, furono quelli avvenuti nel 1919-20 nel cosiddetto Biennio Rosso, durante il quale si registrarono anche numerose occupazioni di fabbriche, con conseguenti tentativi di mandare avanti la produzione attraverso la creazione di comitati di gestione. In quel biennio, si calcola che sul territorio nazionale, e in particolare a Torino e Milano, circa trecento stabilimenti vennero occupati da 50.000 operai, sostenuti senza riserve dal movimento anarchico e soltanto dall'ala massimalista del Partito Socialista.

Tuttavia, la vera prima grande esperienza di lotta la classe operaia torinese la fece durante l'ultima guerra, nel marzo 1943 e 1944, quando fu

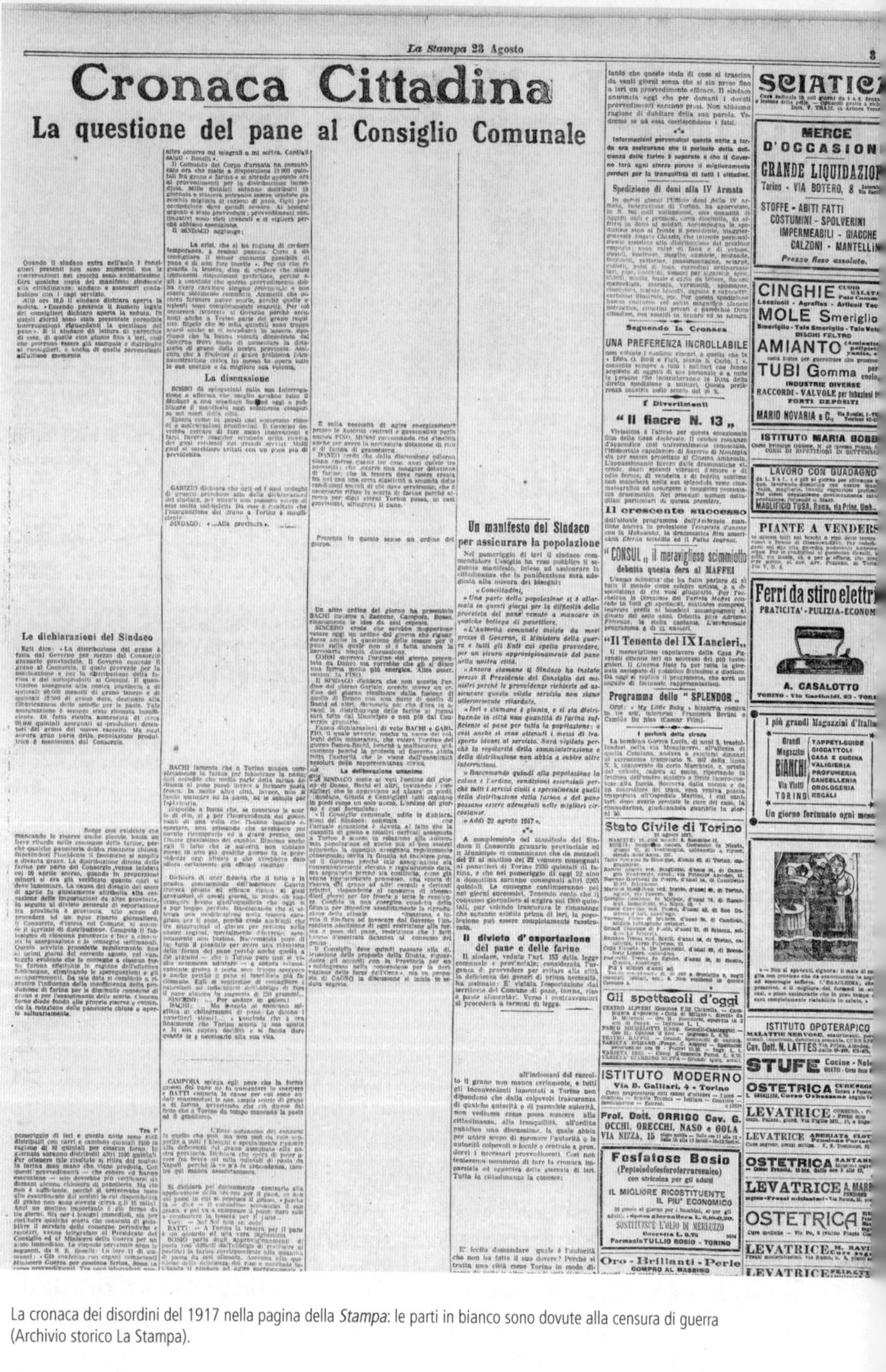
La Stampa 23 Agosto

Cronaca Cittadina

La questione del pane al Consiglio Comunale

La discussione

Le dichiarazioni del Sindaco

La deliberazione unanime

Un manifesto del Sindaco per assicurare la popolazione

Il divieto d'esportazione del pane e delle farine

Spedizione di doni alla IV Armata

Seguendo la Cronaca

UNA PREFERENZA INCROLLABILE

I Divertimenti

"Il fiacre N. 13,,

Il crescente successo

"CONSUL,, il meraviglioso scimmiotto debutta questa sera al MAFFEI

"Il Tenente del IX Lancieri,,

Programma dello "SPLENDOR,,

Stato Civile di Torino

Gli spettacoli d'oggi

La cronaca dei disordini del 1917 nella pagina della *Stampa*: le parti in bianco sono dovute alla censura di guerra (Archivio storico La Stampa).

Lo sciopero del 1° marzo 1944 (archivio Istituto piemontese per la storia della Resistenza e della società contemporanea).

VERSO LO SCIOPERO GENERALE

Alla Grandi Motori, alle Acciaierie e alle Ferriere Fiat, domenica 11 marzo, le maestranze hanno fermato il lavoro. Nelle altre sezioni, alla Mirafiori, alla Lingotto, alla Riv, la direzione ha provveduto a sospendere l'energia elettrica ed a rinviare, con questa scusa, a casa gli operai, prima che il movimento potesse ovunque allargarsi. Alla Grandi Motori la fermata si è protratta per più ore, in una atmosfera di entesiasmo e di combattività. Tutti gli operai e gli impiegati si sono raccolti a comizio per elevare le loro rivendicazioni. L'intervento della sbirraglia fascista, l'arrivo dei carri armati, le basse provocazioni non sono riuscite a spezzare la resistenza degli operai. Anche in questa occasione le maestranze della Grandi Motori han dato prova della loro compatta solidarietà, del suo coraggio, della sua calma e serena fermezza. Rabbiosa ed impotente è stata la reazione padronale e fascista ed ancora una volta è stata decretata la serrata delle officine.

La fermata di domenica non è giunta improvvisa, essa segue una lunga serie di agitazioni e di fermate che da più settimane hanno mobilitato operai e impiegati di tutte le sezioni Fiat. Ancora una volta in questo durissimo in- di poter stroncare con le serrate e col terrore il movimento della classe operaia torinese.

La lotta continua. La classe operaia torinese trae dai gravi avvenimenti di questi giorni, dalle nuove esperienze, le giuste lezioni. Essa sa che per spezzare la resistenza forsennata dei padroni collaborazionisti e dei delinquenti fascisti è necessario l'attacco generale ed organizzato, lotta solidale di tutti i lavoratori: lo sciopero generale.

Con la tattica della guerriglia, con gli attacchi molteplici e a catena, con le fermate e le agitazioni successive, oggi in quest'officina e domani in quell'altra, la classe operaia torinese ha strappato in questi ultimi mesi importanti successi. Di fronte all'ostacolo della Fiat, di fronte al tentativo fascista di legare con il bestiale terrore i movimenti degli operai torinesi, bisogna ora andare oltre, portare la lotta sopra un piano più elevato, bisogna reagire compatti in modo organizzato, bisogna spezzare con lo sciopero generale le velleità di resistenza del nemico e dei suoi complici e servi.

In questa sua lotta, la classe operaia torinese non è isolata. In tutta la regione le masse operaie scendono in lotta. A Cogne, ad Ivrea, ad Asti, a Biella, nelle risaie vercellesi si sus-

chiamata a sostenere scioperi assai onerosi contro la guerra e contro la fame. Queste astensioni dal lavoro furono sostenute con grave rischio dai leader della protesta e dagli stessi scioperanti, perché la dura legge di guerra li proibiva e soprattutto perché si svolsero quando ancora l'Italia era sotto il tallone dei fascisti (nel primo caso) e durante l'occupazione tedesca (nel secondo).

Nel marzo 1943 la protesta esplose soprattutto perché il fascismo aveva imposto a una popolazione già provata dalla guerra e dai bombardamenti (particolarmente duri a Torino) razioni alimentari che risultavano tra le più basse d'Europa. Ricorda a questo proposito Umberto Massola, autore di una breve opera storica sull'argomento scritta poco dopo la fine della guerra:

> Ogni italiano riceveva appena 1050 grammi di pane la settimana, cioè una razione di 150 grammi il giorno. Nel Belgio essa era di 224 grammi ed in Germania di 290 grammi al giorno. La razione base di carne (quando veniva distribuita) ammontava a 100 grammi la settimana; nel Belgio ed in Germania era rispettivamente di 245 e 300 grammi; 125 grammi di zucchero dovevano bastare agli italiani, mentre in Germania e nel Belgio se ne distribuivano rispettivamente 225 e 230 grammi. (Umberto Massola, *Marzo 1943 ore 10*, Edizioni di Cultura Sociale, Roma 1950, p. 3)

La protesta, dunque, investì l'ambito economico e sociale più che quello politico; infatti, oltre a un'indennità di sfollamento (concessa agli sfollati e non a chi rimaneva, rischiando la vita), le maestranze chiedevano anche l'aumento del salario e del razionamento. Il 1° marzo 1943, alle 10, al fischio della sirena che a Mirafiori segnalava l'inizio della prova di allarme antiaereo, alcuni reparti tentarono lo sciopero, che però fallì. Non altrettanto accadde il 5, quando – sebbene il segnale non fosse stato emanato

Immagini dallo sciopero dell'aprile 1945 (archivio Istituto piemontese per la storia della Resistenza e della società contemporanea).

per evitare che accadesse ciò che era successo quattro giorni prima – molti reparti della FIAT incrociarono le braccia. Di lì la protesta si allargò, e nel giro di qualche giorno coinvolse altre officine in città, quali la Microtecnica, la Rasetti, la FIAT Aeronautica, la FIAT Ricambi, la FISPA, le Ferriere Piemontesi, e in provincia, come per esempio la RIV di Villar Perosa. Ai metalmeccanici si unirono subito anche i tranvieri, che a loro volta volevano l'indennità di sfollamento. La protesta si concluse il 17 marzo, con l'arresto di centinaia di scioperanti e il ritiro di moltissimi esoneri, ma il ghiaccio era rotto: nonostante i divieti imposti sin dal 1926, i lavoratori avevano dimostrato di poter essere una minaccia per il regime. In quello stesso 1943, il 1° dicembre, si verificò ancora uno sciopero che coinvolse molti opifici, tra cui la Grandi Motori, le Ferriere, le Acciaierie e le Fonderie Ghisa, la SPA e la FIAT Materiale Ferroviario.
La situazione si ripeté esattamente un anno dopo, il 1° marzo 1944, con Torino e Milano ancora capofila. Se possibile, la situazione politica era assai peggiorata, in quanto la caduta del regime mussoliniano aveva portato all'occupazione tedesca e alla nascita di un regime fantoccio (la Repubblica Sociale Italiana) asservito agli occupanti. Quest'astensione generale dal lavoro, che si protrasse a macchia di leopardo fino al 6 marzo, è ancor più importante

Operai delle Ferriere.

se si pensa che fu il primo grande sciopero europeo ad avvenire sotto il nazifascismo; com’è ovvio, considerato il contesto, non può essere disgiunto da ciò che stava avvenendo in quel momento nel Nord Italia, ovvero dalla guerra di Liberazione. Anzi, non è azzardato dire che i partigiani, che in quel momento stavano ancora resistendo sulle montagne e non disdegnavano di distruggere impianti e infrastrutture pur d’interdirne l’utilizzo ai tedeschi, ne furono gli ispiratori. Le rivendicazioni di chi incrociò le braccia, infatti, pur essendo economiche (salario, razionamento ecc.) e ottenendo alla fine scarsa soddisfazione, puntavano a far sì che la produzione di guerra rallentasse, che cessasse la deportazione di operai accusati di collaborare con la Resistenza, che i macchinari si spostassero verso la Germania.
Nei giorni di astensione incrociarono le braccia quasi tutti gli operai delle fabbriche torinesi: tutti i diversi settori della FIAT, dalla Grandi Motori alla FIAT Ferroviaria, il Cotonificio Valle Susa, la Viberti, la Rasetti, la CEAT, la Martiny, le industrie dolciarie come la Venchi Unica e tante altre ancora. Per la prima volta, dunque, la lotta sociale si saldava con la lotta politica e soprattutto con la strategia militare di chi sosteneva e organizzava la guerra di Liberazione, cioè i CLN, che certo non furono estranei alla costruzione di quella grande sommossa.
Il dopoguerra fu ancora un periodo assai contrastato, in quanto il patto di Roma, siglato a inizio 1944 tra i partiti antifascisti per raggiungere una vera

Operai alle fonderie FIAT negli anni Cinquanta.

Il contratto integrativo 1953 dei metalmeccanici, stampato a cura della UIL.

unità sindacale con la creazione della CGIL Unitaria, sin dal 1947 iniziò a scricchiolare, e si ruppe poi definitivamente nel 1950. Tra il 1948 e il 1950, dunque, si verificò una scissione da cui nacquero la Libera CGIL, che poi diventerà CISL (Confederazione Italiana Sindacati Lavoratori), e la FLI (Federazione Italiana del Lavoro), che presto si sciolse per dar vita alla UIL (Unione Italiana del Lavoro).

A seguire, per tutti gli anni Quaranta e Cinquanta, le lotte operaie nel Torinese, ma si potrebbe dire in tutto il Nord industriale, furono irreggimentate dalle organizzazioni sindacali e mediate dalle commissioni interne, rinate nel 1947 in accordo con la Confindustria, dopo una prima timida esperienza negli anni precedenti e subito successivi la Grande Guerra. Dunque le contrapposizioni, per quanto dure, non uscirono dall'ambito dell'astensione del lavoro, e le sommosse a sfondo politico conseguenti all'attentato a Togliatti, avvenuto il 14 luglio 1948, non ebbero mai a degenerare.

Come si vedrà più avanti, la situazione cambiò nel luglio 1962 con i fatti di piazza Statuto, quando si verificarono scontri pesanti tra polizia e manifestanti. A che cosa dev'essere imputata questa svolta? Con il boom economico della fine degli anni Cinquanta e la motorizzazione spinta, la crescita della FIAT e di tutto il suo indotto era stato sostenuto da manodopera proveniente dal Sud, richiamata con forti campagne propagandistiche. Si trattava per lo più di braccianti o fittavoli agrari venutisi a trovare di punto in bianco a contatto con

FIAT Mirafiori, elezioni sindacali per la commissione interna del 1959. Gli operai sono in fila per eleggere i loro rappresentanti.

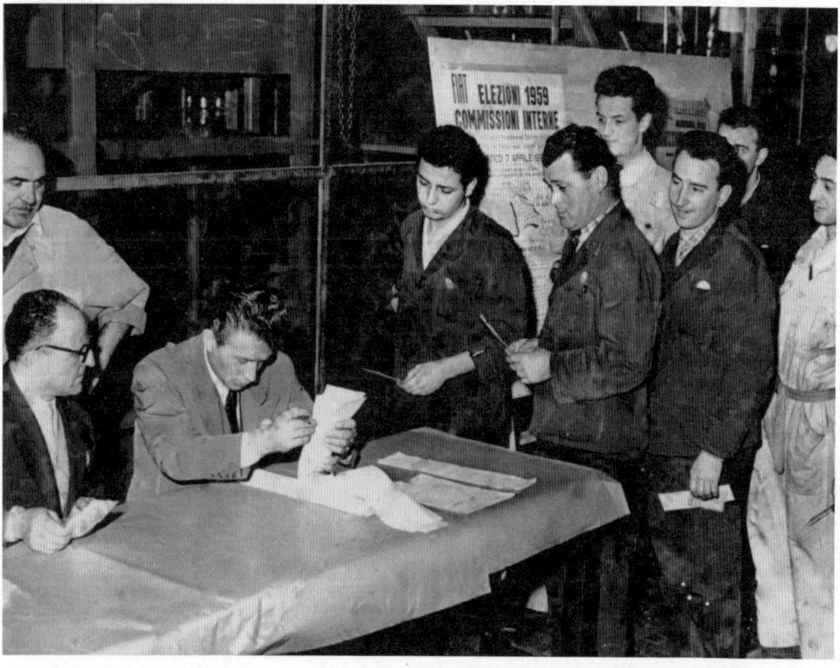

Fine anni Sessanta: la soffitta di un operaio FIAT appena arrivato a Torino dal Mezzogiorno (foto di Dario Lanzardo).

la dura realtà della fabbrica. Contadini cioè, del tutto privi di cultura operaia, non solo legata alla specializzazione necessaria a realizzare il manufatto con la macchina utensile (ormai si lavorava in linea), ma soprattutto estranei a una storia ormai pluridecennale di lavoro e di lotta, insita nel DNA di chi l'aveva vissuta non solo in fabbrica, ma anche per tradizione familiare.

L'immigrazione di grandi masse dal Sud, che caratterizzò il periodo compreso tra gli ultimi anni Cinquanta e gli anni Settanta, rappresentò un problema sociale, politico ed economico di non trascurabile entità e, per quan-

Immigrati dal Sud giungono a Porta Nuova con i «treni della speranza».

to non sia causa diretta del '68, ne fu da un lato un tema di fondo e dall'altro fu responsabile dell'acutizzazione dello scontro.
La rabbia di questa gente, sommata alla mancanza di esperienza di lotta sindacale, incontrò tra il '68 e il '69 l'analoga rabbia degli studenti, anche loro privi di cultura di lotta, e ne trasse origine una tendenza, ben evidente nei fatti di Valle Giulia a Roma e di corso Traiano a Torino, che, oltre a scavalcare ed emarginare il sindacato, vedeva nello scontro di piazza il momento più alto e significativo della protesta e l'elemento indispensabile per assumere visibilità.
Con tutta probabilità, questo fu il fattore determinante alla base della conflittualità sociale e politica degli anni Sessanta-Settanta, che fu anche responsabile, almeno in parte, della successiva deriva estremistica e in certi casi terroristica. Per quanto la storia del terrorismo di sinistra in Italia sia complessa e coinvolga entità che con questa tendenza politica non avevano nulla a che fare (servizi, mafia, criminalità comune, estremismo di destra), è infatti innegabile che i primi gruppi radicali siano germinati proprio dalla lotta di classe, siano nati nelle fabbriche e nelle università. Così infatti accadde per il primo nucleo delle Brigate Rosse, guidato da Renato Curcio e Margherita «Mara» Cagol e nato nella facoltà di Sociologia di Trento, che i due avevano frequentato fino alla laurea.

Scontri durante gli scioperi del 1962 (fondo Garelli, archivio Istituto piemontese per la storia della Resistenza e della società contemporanea).

3. I PRODROMI DEL '68: LA RIVOLTA DI PIAZZA STATUTO DEL LUGLIO 1962

Per quanto spontanee, le manifestazioni violente che avvennero a Torino il 7, l'8 e il 9 luglio 1962 possono essere considerate a tutti gli effetti il momento in cui le maestranze operaie presero coscienza della loro condizione, e l'inizio di quell'interminabile conflitto sociale che caratterizzerà i seguenti anni Settanta, assumendo in taluni casi e in relazione ad alcuni singoli episodi connotazioni proprie di una guerra civile. Analizzato a posteriori, in sostanza, l'episodio può essere considerato una sorta di «laboratorio» da cui, soprattutto in relazione alla gestione degli scontri, trassero esperienza tanto le forze dell'ordine, allora ancora organizzate con i reparti celeri istituiti nel 1946 dal governo Bonomi, quanto la piazza.

In quell'anno, in effetti, a Torino era già accaduto qualcosa di simile: il 13 giugno, lo sciopero generale indetto dai tre principali sindacati confederali aveva visto una forte adesione. Si era scioperato in quasi tutte le fabbriche del Torinese, tranne che alla FIAT. Il perché è presto spiegato: poiché negli anni precedenti la repressione padronale era stata molto feroce, tale da annientare la conflittualità operaia, fin dal 1955 gli operai della maggiore azienda automobilistica italiana erano stati esentati dagli scioperi contrattuali dai loro stessi organi di tutela sindacale.

In quel frangente, tuttavia, un intero reparto delle Ferriere si era astenuto dal lavoro. Il 19 e il 23 successivi si erano registrate altre due giornate di sciopero, con punte di adesione del 70 per cento, alle quali avevano preso parte prima alcuni reparti FIAT, quindi, il 23, tutta Mirafiori. Due giorni dopo, ecco la contromossa aziendale voluta dall'allora amministratore delegato Vittorio Valletta: due giorni di chiusura della fabbrica. Il provvedimento, che in realtà si configurava come una serrata, non era soltanto punitivo, anzi: la stessa direzione, infatti, annunciava che quelle due giornate, e addirittura quella del sabato precedente in cui avevano scioperato ben 7000 operai, sarebbero state pagate a tutte le maestranze 27.000 lire ciascuna, come di norma avveniva come premio per coloro che si astenevano dallo scioperare.

È chiaro che si trattava di un diversivo per cercare di recuperare credito fra i dipendenti: se ora il «premio» veniva dato a chi aveva scioperato, qualcosa evidentemente strideva. Non tutti però davano vista di accorgersene, e *l'Unità* del 26 giugno scriveva con entusiamo: «Agnelli e Valletta fuggono davanti alla lotta operaia».

Questa fu la premessa degli scontri di piazza Statuto, che presero spunto dall'ennesimo sciopero indetto da FIM e FIOM (le due federazioni sindacali dei metalmeccanici di CISL e CGIL) per i giorni 7, 8 e 9 luglio, nell'ambito della stagione di scioperi contrattuali inaugurata nel giugno precedente. Le trattative tra aziende (la FIAT in particolare, che occupava ben 98.000 dipendenti) e sindacati erano fallite, e alle organizzazioni a difesa dei lavoratori non era rimasto che scegliere la via dell'astensione dal lavoro per forzare la situazione. La mattina del 7, tuttavia, accadde qualcosa che nessuno si aspettava: davanti a molte fabbriche e soprattutto davanti ai cancelli di Mirafiori, lo sciopero fu caratterizzato da picchettaggi assai duri, per i quali molti operai furono impossibilitati a entrare, alcune auto furono rovesciate e alcuni quadri dirigenziali malmenati. *La Stampa*, quotidiano a quei tempi molto meno indipendente che ai nostri giorni, nel commentare la giornata del 7 sottolineava come alcune organizzazioni sindacali (UIL e SIDA) non avessero aderito allo sciopero e soprattutto insisteva sul fatto che quelle sigle alla FIAT rappresentassero il 62 per cento delle maestranze. Si legge infatti nel numero in edicola l'8 luglio:

> Se pure vogliamo accettare il principio che tutti gli iscritti, non solo alla FIOM, organismo social-comunista, ma anche alla CISL siano contrari all'accordo raggiunto [dai due sindacati non in sciopero, N.d.A.], rimane il fatto che la maggioranza dei dipendenti era favorevole alla continuità del lavoro, nell'attesa della definitiva conclusione della vertenza. (*La Stampa*, 8 luglio 1962)

L'analisi forse non era corretta: se così fosse stato, lo sciopero sarebbe dovuto essere un fallimento, mentre avvenne l'esatto contrario.
Quel giorno, tra l'altro, accadde molto di più. Si era diffusa la voce che UIL e SIDA avevano raggiunto un accordo separato con la dirigenza:

> Il venerdì 6, *La Stampa* dà la notizia con questo titolo: «Uil e Sida si accordano con la Fiat e invitano gli operai a non scioperare». L'indomani mattina lo sciopero è totale, ma sui motivi della riuscita le versioni padronali e quelle del MO sono, ovviamente, opposte. (Dario Lanzardo, *La rivolta di Piazza Statuto. Torino luglio 1962*, Feltrinelli, Milano 1979, p. 12)

Un numero di operai valutabile attorno alle sei-settemila unità mosse verso piazza Statuto, dove aveva sede proprio la UIL – confederazione di ispirazione socialista, più giovane e meno rappresentativa rispetto alla FIOM (CGIL) e alla FIM (CISL). Quanto al SIDA, era considerato a tutti gli effetti un sindacato «giallo», ovvero filopadronale, inviso a tutti i lavoratori che non ne facevano parte. Tra gli operai che per primi si recarono in piazza

LAVORATORI DELLA FIAT!

Siamo alla vigilia dello sciopero: c'è una cosa decisiva per tutti i lavoratori, per un avvenire che non è soltanto di giorni o di settimane, ma di anni.

DOMANI, DOMENICA (per le Ferriere, i cicli continui, i comandati, gli straordinari, ecc.) E LUNEDI' BISOGNA SCIOPERARE

8 ore di sciopero fatte sabato 13 giugno, hanno iniziato la crisi di 8 anni di politica padronale fatta di discriminazioni, di divisioni fra i lavoratori, di rappresaglie e di trattative separate.

Sabato 23 giugno fuori della fabbrica eravamo tutti insieme, non c'era divisione fra un operaio e l'altro, non c'erano diversi sindacati, ma una sola volontà e una sola coscienza: quella dei lavoratori.
Dopo tante manovre, la Direzione della FIAT per evitare il consolidamento della unità dei lavoratori, tenta ancora una ulteriore trattativa separata.
In queste trattative, come in tutte le trattative separate, la Direzione della FIAT vuole eludere nel loro complesso le rivendicazioni di fondo dei lavoratori, quali una effettiva e reale riduzione dell'orario di lavoro, la contrattazione dei tempi, la corresponsione di nuove qualifiche professionali per tutte le categorie, la parità tra operai e impiegati sulla mutua, infortunio e indennità di licenziamento, la contrattazione della disciplina aziendale, il riconoscimento dei diritti dei lavoratori.
In sostanza, la Direzione della FIAT, vuole continuare a essere lei sola a decidere e per questo si oppone categoricamente alla rivendicazione della presenza del sindacato nella fabbrica che faccia rispettare giorno per giorno i diritti dei lavoratori, che contratti giorno per giorno ogni aspetto del rapporto di lavoro nella fabbrica fra operai e Direzione.

QUESTA MANOVRA DEVE FALLIRE. LA RISPOSTA DEI LAVORATORI DEVE ESSERE LO SCIOPERO TOTALE!

Vogliamo che la FIAT, con tutti gli industriali, accetti le rivendicazioni presentate per il contratto dalla FIOM, dalla CISL e dall'UIL e le discuta con tutte e tre le organizzazioni sindacali.

Bisogna essere tutti uniti nella lotta!

LAVORATORI DELLA FIAT!

E' il momento buono. I lavoratori della FIAT oggi possono essere i più forti e non devono essere più ingannati. Lo sciopero del 23 giugno è stato un grande colpo, questi scioperi saranno ancora più decisivi.

LAVORATORI DELLA FIAT!

Domani alle cinque tutti fuori della fabbrica. Organizziamo oggi e facciamo grandi picchetti, che sono un diritto dei lavoratori.

Non lasciatevi ingannare da nessuno all'ultima ora. I lavoratori hanno la forza di conquistare tutte le loro rivendicazioni.

Domani tutti in sciopero!

LA FIOM

Tip. Turingraf - Via Medail 24 - Tel. 761.165 - Torino

Volantino FIOM sullo sciopero FIAT del giugno 1962.

I cancelli FIAT nel 1962
(fondo Garelli, archivio Istituto
piemontese per la storia
della Resistenza e della società
contemporanea).

La rivolta di piazza Statuto (su concessione dell'Archivio Storico della Città di Torino, tutti i diritti riservati).

Sopra: i cancelli della FIAT nei giorni degli scioperi del 1962 (fondo Garelli, archivio Istituto piemontese per la storia della Resistenza e della società contemporanea).
A lato: in alto, picchetto dei carabinieri nei giorni degli scioperi del 1962 (fondo Garelli, archivio Istituto piemontese per la storia della Resistenza e della società contemporanea); in basso, scontri alla FIAT.

Statuto, secondo alcune fonti e nonostante le affermazioni della *Stampa*, molti erano proprio tesserati UIL che intendevano protestare contro le iniziative assunte dal loro sindacato di riferimento:

> La cronaca degli avvenimenti che ne fa *La Stampa* è drammatica quanto il resoconto dello sciopero del mattino. Già verso le 14,30-15, tre, quattrocento operai in gran parte iscritti alla UIL, ma anche a CISL e CGIL, sono assembrati davanti alla sede della UIL: urlano, fischiano. Un centinaio di agenti con alcune jeep e due autoidranti presidiano la sede del sindacato socialdemocratico. (Dario Lanzardo, *op. cit.*, p. 15)

Sia davanti ai cancelli delle fabbriche, e di Mirafiori in particolare, sia e soprattutto in piazza Statuto, gli scontri furono durissimi, e questa violenza non colse di sorpresa soltanto le forze dell'ordine, tutto sommato ancora poco addestrate ai disordini di piazza, ma soprattutto i leader del PCI.(Giancarlo Pajetta e Sergio Garavini) e la sinistra sindacale, che per due giorni furono indaffarati a cercare di ricondurre gli elementi più facinorosi alla ragione. Per la prima volta fecero la loro comparsa tra i manifestanti strumenti di offesa come catene, biglie di ferro, fionde, senza contare le pietre raccattate spaccando la pavimentazione dei marciapiedi. Scriveva ancora *Stampa sera* del 9-10 luglio, in un articolo dal sottotitolo assai eloquente, «Uno sciopero senza libertà»:

> Il Commissario dr Farri, colpito con un pugno in faccia, sanguinava. L'agente Jacopini riportava la lussazione a un braccio, 4 commissari sono stati feriti e giudicati guaribili in un periodo da 5 ai 25 gg. Altri contusi: l'operaio Giovanni Botto medicato per una lesione al mento e il dr Giuseppe Valloire, funzionario del Lingotto, rovesciato con la sua auto. I poliziotti fermavano uno dei manifestanti più violenti e lo caricavano su una camionetta: esplodeva un nuovo tumulto sedato soltanto quando un ufficiale, per evitare il peggio, rilasciava l'agitatore.

Scontri analoghi, per quanto meno violenti, si ripetevano poi dopo la pausa festiva il lunedì 9 luglio, ancora in piazza Statuto. Dario Lanzardo, autore della più significativa opera di analisi della vicenda, nel fornire alcuni stralci della giornata di lunedì spiega quali furono i soggetti che contribuirono a normalizzare la situazione:

> L'indomani, però, anche davanti alle fabbriche la situazione è diversa da sabato. La polizia, cogliendo l'invito della FIAT a far rispettare la «libertà di sciopero», è presente in forze e riesce a tenere i picchetti lontano dai cancelli, pressoché in tutte le situazioni. Ma è uno sfoggio inutile di forza perché lunedì mattina,

La notizia dei picchetti alla FIAT e dei disordini di piazza Statuto occupa la prima pagina della *Stampa sera* del 9-10 luglio (Archivio storico La Stampa).

Un fermo di polizia durante i disordini di piazza Statuto.

2 Lunedì 9 - Martedì 10 Luglio 1962 STAMPA SERA Anno 94 - Numero 154

CRONACA CITTADINA

IL TENTATO ASSALTO ALLA SEDE DELLA UIL

Piazza Statuto: dodici ore di tumulti 291 giovani fermati, 70 agenti feriti

Episodi di violenza e vandalismo - Strade disselciate e pioggia di pietre sulla polizia - Anche sette commissari e due passanti colpiti - Decine di cariche delle jeeps e intenso lancio di «lacrimogeni» - Gli arrestati sono trentotto - Sono giunti a Torino il vice-capo della polizia e rinforzi di agenti e carabinieri

La Uil accusa i comunisti di aver capeggiato la dimostrazione

Nel pomeriggio di sabato, mentre davanti alle fabbriche era ritornata la calma, in piazza Statuto, dove è la sede della Uil, sono scoppiati disordini continuati tutta la notte fino all'alba di ieri. Vi sono stati oltre 70 feriti o contusi tra la polizia e i passanti, e 291 persone sono state fermate, 38 arrestate. Ecco la cronaca.

Un lato di piazza Statuto all'alba di ieri dopo le dimostrazioni contro la sede del sindacato socialdemocratico

Davanti alle fabbriche della Fiat

L'azione dei picchetti ha raggiunto lo scopo: pochi operai ed impiegati sono riusciti a passare attraverso gli sbarramenti - L'andamento dello sciopero nelle altre aziende e in provincia

Il commento dei sindacati ai fatti di piazza Statuto

La Uil: «Le manifestazioni di vero teppismo e caccia all'uomo sono state capeggiate dal pci per minare alla base la formula del centro-sinistra»

TEMPERATURA DI IERI	
MASSIMA	+25,5
MINIMA	+15,9

ESTRAZIONI DEL LOTTO					
Torino	48	33	9	6	64
Bari	67	34	73	2	85
Cagliari	31	24	19	38	50
Firenze	48	64	16	24	33
Genova	35	24	4	78	76
Milano	49	52	29	89	35
Napoli	62	66	18	1	2
Palermo	24	46	39	21	66
Roma	13	81	44	4	54
Venezia	80	62	16	63	51

Negli altri stabilimenti della città e dintorni

I termini dell'accordo provvisorio firmato alla Fiat dalla Uil e Sida

Importanti dichiarazioni del segretario della Uil Viglianesi: "Con questo accordo gli obbiettivi principali sono stati raggiunti"

Un impiegato e una giovane morti in una sciagura stradale

Per superare un'altra macchina si schianta contro un autocarro

Il tremendo urto a 130 chilometri all'ora - Il guidatore e la giovane che lo accompagnava deceduti all'istante

Due morti in una sciagura stradale: un impiegato della Previdenza sociale — il trentanovenne Giorgio Fernando, nato a Genova ma residente nella nostra città in corso Matteotti 35 — e una signorina di 24 anni, la rag. Annamaria Frassinelli, abitante con i genitori e il fratello in via Parini 5.

Le vittime: Giorgio Fernando e Annamaria Frassinelli

Donna uccisa da un'auto mentre si reca alla Messa

Annega in un canale un'operaia di Cafasse

Un referendum del Sida fra i propri associati

Elettricista folgorato sulla ferrovia di Genova

Farmacie aperte stamane

TEATRI E RITROVI

GALLERIE D'ARTE - MUSEI

CINEMATOGRAFI

Echi di cronaca

Sempre dalla *Stampa sera* del 9-10 luglio, l'articolo sui disordini di piazza Statuto (Archivio storico La Stampa).

> davanti ai cancelli, di operai ce ne sono ben pochi. Già le direzioni di tutte le aziende – come riporta *La Stampa* – «sull'esempio della FIAT hanno invitato le maestranze a restare a casa». I sindacati non sono stati da meno: CGIL e CISL hanno sospeso ogni tipo di manifestazione e in particolare la CISL – come nota la *Gazzetta del Popolo* – «ha invitato tutti i lavoratori a proseguire lo sciopero restando però a casa e lasciando l'azione di picchettaggio davanti alle fabbriche ai responsabili e agli attivisti sindacali». Anche gli slogan sono superflui, ma tendono a dare l'immagine di un sindacato «pacifista» e teso a collaborare al mantenimento dell'ordine pubblico: «Operai, non accettate le provocazioni, persuadete i crumiri ad andarsene, mantenete la calma»; oppure: «Attenti ai provocatori, non commettete imprudenze, picchetto riuscito, sciopero finito, andate a casa», ecc. Soltanto a Lingotto, il picchetto ha una certa consistenza e, data la limitatezza dello spazio antistante gli ingressi, la polizia non riesce a tenerli al di là della strada. (Dario Lanzardo, *op. cit.*, p. 19)

La sera di quella stessa giornata, in corso Valdocco, si cercò ancora di assalire la sede della *Gazzetta del Popolo*, il secondo quotidiano torinese, con tanto di vetri in frantumi, esplosioni di candelotti, sirene urlanti e giornalisti aggrediti. Alla fine era ancora *La Stampa* a trarre le conclusioni; il quotidiano torinese in edicola il giorno 10 si esprimeva con toni che oggi non esiteremmo a definire inopportuni, raccontando di «circa 2000 giovinastri» che avevano cercato di dare l'assalto alla sede della UIL. Il bilancio conclusivo di quelle calde giornate di luglio era pesante ed era ancora il medesimo giornale a illustrarlo in un sottotitolo: «I fermi sono 1141; in arresto quaranta giovani, alcuni armati - Feriti e contusi fra polizia e manifestanti».
Le giornate del 7 e del 9 luglio, dunque, dettate da una rabbia spontanea che evidentemente covava da tempo, assunsero un tono che doveva costituire un elemento di novità nel panorama della lotta sindacale, fino a quel punto rimasta su livelli di protesta piuttosto attenuati. In piazza Statuto, infatti, come già era avvenuto 14 anni prima (il 14 luglio 1948) in occasione dell'attentato a Palmiro Togliatti, s'arrivò al punto d'improvvisare barricate. Nel 1948, però, ci si trovava di fronte a una sollevazione determinata da ragioni politiche, non soltanto derivanti dal tentativo di assassinare il leader del più grande partito comunista dell'Europa occidentale, ma anche dall'esito delle elezioni dell'aprile precedente, che avevano sancito la netta sconfitta del blocco socialcomunista, e da una non risolta epurazione di chi aveva avuto a che fare con il regime fascista. Altrettanto si può dire delle sanguinose manifestazioni di dissenso avvenute a Genova e Reggio Emilia nel luglio 1960 contro il governo Tambroni, sostenuto dall'MSI. Anche in quella circostanza si trattava di una protesta politica che sollecitava una richiesta di maggior democrazia. A Torino, nel luglio 1962, il problema fu eminentemente sindacale e tale da cogliere di sorpresa le tre confederazioni e, nel caso della UIL, addirittura scavalcarla nelle rivendicazioni.

Martedì 10 Luglio 1962 LA STAMPA Anno 96 Numero 154

CRONACA CITTADINA

La manifestazione contro la Uil degenera in gravi episodi di teppismo

Un'altra giornata di tumulti in piazza Statuto

Mattino, pomeriggio e nella tarda notte, circa duemila giovinastri tentano di raggiungere a gruppi la sede del sindacato socialdemocratico - Sono ogni volta respinti dalla polizia - I dimostranti disselciano tratti della piazza e si abbandonano a gesti vandalici - A sera infrangono i lampioni e nel buio sfondano le vetrine dei negozi, bloccano i tram - In via San Donato e corso Francia improvvisano "barricate", abbattute dagli agenti - Caroselli con lancio di candele lacrimogene in risposta alle sassaiole - Depositi di sbarre di ferro preparati dagli agitatori

Fermi sono 1141; in arresto quaranta giovani, alcuni armati - Feriti e contusi fra polizia e manifestanti

Le jeeps della polizia disperdono un gruppo di dimostranti in piazza Statuto. Nuclei di agenti a piedi inseguono gli agitatori in via Cibrario: due giovani sono portati in Questura

Dichiarazioni dei dirigenti della democrazia cristiana torinese

«Nella vertenza sindacale si è inserito il pci provocando disordini per indebolire il governo»

Il dott. Mina, segretario provinciale, e Borgogno, segretario cittadino: «condanniamo duramente gli episodi di violenza» - Un ordine del giorno dc al sindaco: «sia garantita con la libertà di sciopero anche la libertà di lavoro» - La Cisl condanna i fatti di piazza Statuto e afferma: «è un episodio a sé di carattere provocatorio ed eversivo» - Dichiarazioni della Uil: «le manifestazioni hanno avuto inizio sabato ad opera di attivisti»

Un appello del Sindaco e dibattito in Consiglio comunale

Le maestranze hanno accolto l'invito dei dirigenti e sono rimaste a casa

Le violenze di sabato hanno consigliato questa misura di prudenza, per evitare rischi alle persone. Imponenti forze di polizia hanno tutelato chi ha voluto entrare in fabbrica - Stamane la ripresa del lavoro

TEMPERATURA DI IERI	
MASSIMA	+26,4
MINIMA	+18,0

Specchio dei tempi

Una lettera dell'on. Sottosegretario per l'Interno - Costituzione e disciplina di partito - «Che cosa è capitato a mia sorella» - Spiagge riservate per le donne al mare

ULTIMA ORA

E' tornata la calma in piazza Statuto

Verso le due di stanotte agenti e carabinieri hanno compiuto un'energica azione ad ampio raggio in tutte le vie e i corsi che si irradiano da piazza Statuto. In breve tutta la zona è stata sgomberata dagli agitatori e alle 3 la calma era assoluta. Ci auguriamo che con questo venga posta la parola fine a episodi indegni delle vecchie e civili tradizioni di Torino.

Dalla *Stampa* del 10 luglio, un altro articolo sui disordini di piazza Statuto (Archivio storico La Stampa).

Che cos'era successo? Perché una reazione così violenta dopo anni di quieta rassegnazione, durante i quali l'imprenditoria era riuscita a normalizzare la protesta operaia? Era accaduto che da alcuni anni la città aveva subito una profonda mutazione nella sua composizione sociale. Sin dalla seconda metà degli anni Cinquanta, infatti, era stata interessata da un fenomeno migratorio sempre più importante, che aveva portato ingenti masse di persone, per lo più di estrazione contadina, a spostarsi dalle aree più depresse del Sud (Lucania, Calabria, Sicilia e Campania in particolare) verso i centri industriali del Nordovest; l'integrazione di questa gente si rivelò subito difficile, soprattutto per la naturale propensione dei torinesi a essere chiusi e diffidenti. Nel contempo, il miracolo economico che si stava vivendo in quel momento, derivante dal rilancio dovuto alla ricostruzione e agli aiuti americani del Piano Marshall, aveva fatto crescere in modo considerevole le maestranze nei settori meccanico e manifatturiero, e in buona parte queste erano costituite di giovani, spesso ex contadini provenienti dal Sud, poco sindacalizzati, svincolati dal PCI e dalle altre formazioni politiche di riferimento della classe operaia, e quindi del tutto privi di disciplina di partito ed esperienza di lotta. Inoltre, a differenza dell'aristocrazia operaia del Torinese e del Milanese, questi giovani non si erano formati durante il fascismo e la Resistenza, negli scioperi del 1943 e del 1944 e in quelli che avevano caratterizzato i primi anni Cinquanta: le lotte per il rinnovo del contratto 1956 e le tensioni derivanti dalla scissione della CISL del 1958.
Ecco quindi che questa totale assenza di «cultura sindacale» fu con tutta probabilità responsabile di ciò che accadde in piazza Statuto e davanti ai cancelli di Mirafiori. I protagonisti non furono certo i vecchi «Cipputi», che pure erano in piazza a protestare, bensì coloro che rappresentavano una nuova figura di operaio, del tutto spersonalizzata, non più professionalizzata come un tempo: era in sostanza l'operaio-massa poi destinato a caratterizzare l'ultimo quarto di Novecento. Scrive in suo saggio Elisabetta Beneati:

> I fatti di piazza Statuto, al di là delle controverse interpretazioni che li accompagnarono e seguirono, misero definitivamente in luce la presenza dei nuovi soggetti operai che tanta parte avevano avuto nella ripresa della conflittualità nelle fabbriche in quei primi anni Sessanta. Erano per lo più giovani immigrati dal Sud, alle prime esperienze di lavoro nell'industria, a bassa qualificazione professionale, estranei ai linguaggi e alle culture della vecchia classe operaia torinese, solo in parte disposti ad incanalare la propria rabbia in un'azione sindacale organizzata. La forte mobilitazione del triennio non si tradusse, perciò, automaticamente in una corsa alla sindacalizzazione. (Elisabetta Benenati, *Il mondo sindacale dagli anni Cinquanta alla soglia degli anni Settanta*, in *Storia di Torino*, volume IX, Einaudi, Torino 1999, p. 312)

Piazza Statuto dopo gli scontri.

Piazza Statuto fu un campanello d'allarme inascoltato, nel quale a ben guardare si sarebbe potuto leggere in filigrana l'aprirsi di una frattura sociale profonda che avrebbe segnato gli anni a venire e avrebbe caratterizzato le proteste di piazza dei successivi anni Settanta; l'importanza che gli eventi torinesi del 7 luglio 1962 hanno avuto ai fini delle lotte a venire è riconosciuta da tutti gli storici che si sono occupati delle lotte operaie nel nostro Paese:

> Il rinnovo dei contratti del 1962 può essere considerato, dal punto di vista delle lotte operaie, lo spartiacque tra il periodo di una Ricostruzione disciplinata e quello della riapertura di una conflittualità che sfocerà sette anni dopo nel grande evento dell'«Autunno caldo». (Nanni Balestrini, Primo Moroni, *L'orda d'oro. 1968-1977*, Feltrinelli, Milano 20116, p. 131)

Gli studenti davanti alla facoltà di Fisica occupata. Si nota la bandiera vietcong sopra la porta d’ingresso (fondo Gazzetta del Popolo, su concessione dell’Archivio Storico della Città di Torino, tutti i diritti riservati).

4. 27 NOVEMBRE 1967: UN ANTICIPO DI '68 A PALAZZO CAMPANA

Senza voler scomodare eventi storici di ben altra portata, l'occupazione di palazzo Campana, fino al 1970 sede delle facoltà di Lettere, Legge e Scienze Politiche dell'Università di Torino, ricorda in modo vago – almeno nei tempi e in parte nelle dinamiche – lo svolgersi della rivoluzione sovietica del 1917 di cui, proprio in quell'anno, ricorreva il cinquantenario. Anche in questo frangente, infatti, proprio come nella Russia del 1917, a un primo e incerto moto di rivolta avvenuto in febbraio seguì in novembre un più grande e significativo impeto di protesta, che diede vita e forma al movimento in quella fase nascente.

Le analogie si fermano qui, ma la specularità delle due vicende è impressionante, così come impressionante fu l'incapacità del potere politico centrale e del senato accademico torinese di capire la portata di quel fenomeno, destinato ben presto a estendersi per tutto il Paese.

Per quanto si faccia risalire all'inizio dell'occupazione di palazzo Campana del novembre 1967 il principio della contestazione italiana, va ribadito che altri fermenti si erano iniziati a registrare nel febbraio di quello stesso anno, tanto a Torino quanto altrove. Dal 7 all'11 febbraio, infatti, si erano già mossi gli universitari di Pisa, dove 72 studenti si erano barricati per alcuni giorni in aula magna.

Per non parlare del famoso caso milanese nato attorno alla *Zanzara*, pubblicazione data alle stampe dagli studenti del Liceo «Giuseppe Parini» di Milano, sulla quale un'inchiesta dal titolo: «Un dibattito sulla posizione della donna nella nostra società, cercando di esaminare i problemi del matrimonio, del lavoro femminile e del sesso» non solo suscitò scandalo, ma fu oggetto d'indagine poliziesca, per la quale tre studenti furono processati per stampa oscena e corruzione di minorenni. I tre accusati furono assolti, ma la vicenda costituì motivo per vigorose contestazioni di studenti, che per solidarietà con i compagni inquisiti manifestarono contro l'autorità scolastica che aveva denunciato il caso e quella giudiziaria che lo aveva istruito.

Tuttavia, fu proprio da Torino che prese avvio quel movimento destinato a crescere fino ad assumere dimensioni di carattere non solo nazionale, poiché questi moti di protesta anticiparono addirittura il Maggio francese, che sei mesi più tardi avrebbe avuto ben altra eco a livello internazionale.

I fermenti di Pisa, che di poche ore precedettero il primo tentativo frustrato di occupazione di palazzo Campana, ne furono certo gli ispiratori.

A dire il vero, nella città toscana il livello di elaborazione culturale fu subito molto elevato. Sostenuto da alcuni studenti della Normale, tra cui Gian Mario Cazzaniga, Vittorio Campione e Adriano Sofri, produsse un famoso documento passato alla storia come le *Tesi della Sapienza* (pubblicate poi sulla rivista *Il Mulino*, n. 4-5, 1987), che partendo da una critica demolitiva del sistema accademico italiano, voleva rappresentare un vero «Che fare?» della protesta studentesca a venire. Anche in questo caso, a ben guardare, è evidente l'analogia con le *Tesi di Aprile* che rappresentarono la base della rivoluzione di ottobre e il «Che fare?» leniniano. D'altronde, Sofri, Cazzaniga e Campione avevano costruito il loro documento sulla base degli scritti di Karl Marx, Rosa Luxemburg, Lenin e del filosofo Herbert Marcuse, il cui *L'uomo a una dimensione* (prima ed. italiana Einaudi, Torino 1968, traduzione di Luciano Gallino e Tilde Giani Gallino) divenne un vero cult per gli studenti in lotta.

Studenti del liceo «Parini» protestano contro le misure d'interdizione emesse nei confronti del giornale di scuola *La Zanzara*. Gli autori dell'inchiesta furono assolti, la tipografia che ne aveva stampato le copie ricevette una condanna per la mancata prescritta presentazione dei testi alle autorità deputate per legge.

la zanzara

ANNO XX - N. 3 ORGANO UFFICIALE DELL'ASSOCIAZIONE STUDENTESCA PARINIANA FEBBRAIO 1966 - L. 50

SCUOLA e SOCIETA'

E' consuetudine ormai piuttosto diffusa, quando ci si pone di fronte a problemi che interessano una larga categoria di persone, svolgere inchieste su scala più o meno vasta, in modo da dare una precisa base statistica alle conclusioni e garantirne la maggiore obiettività.

In particolare nel caso di un giornale studentesco questo sistema contribuisce a tradurre sul piano pratico la collaborazione di un grande numero di studenti — collaborazione che, nonostante i nostri inviti, resta sempre minima — interessandoli al tempo stesso in maniera più diretta ai problemi trattati.

Partendo da questi presupposti abbiamo proseguito anche quest'anno la pubblicazione di inchieste su argomenti di particolare attualità: sul numero 2 abbiamo affrontato il problema religioso con le sue implicazioni morali e sociali; su questo numero, in un dibattito sulla posizione della donna nella nostra società, cerchiamo di esaminare i problemi del matrimonio, del lavoro femminile e del sesso, e il modo in cui sono risolti dall'individuo e dalla società.

A differenza degli altri anni però non abbiamo voluto dedurre dati statistici o conclusioni generali: e questo perchè la difficoltà e la soggettività dei problemi trattati conducono nella maggior parte dei casi ad una scelta a carattere strettamente individuale. Ci è sembrato invece più giusto esporre nel modo più completo, le opinioni differenti e spesso contrastanti, porre cioè con chiarezza ed obiettività i termini del problema, lasciando poi a ciascuno il compito di dargli una propria soluzione.

Proprio dallo svolgimento delle inchieste sono risaltati alcuni motivi di fondo che giustificano anche sul piano pratico la nostra decisione: infatti uno dei punti su cui tutti o quasi tutti gli studenti si sono trovati d'accordo è stato nel rilevare una grave deficienza pedagogica della società, e in particolare della scuola, nei confronti di questi problemi, con posizioni che vanno dal disinteresse più totale alla loro risoluzione in termini generici ed aprioristici, che non tengono per lo più conto della effettiva realtà e soprattutto della libertà dell'individuo.

Ma per non dilungarci in discussioni astratte, ed aprire eventualmente nuovi argomenti di dibattito, vediamo concretamente quale è la posizione della scuola in questi due settori.

Per quanto riguarda la Religione, essa è in effetti contemplata come materia di insegnamento, ma con criteri e programmi che non suscitano in molti casi l'approvazione e l'interesse degli studenti. Il discorso è assai lungo e richiederebbe una adeguata ed autonoma trattazione; basterà far notare come nell'insegnamento si venga meno programmaticamente a quelle garanzie di obiettività che dovrebbero costituirne le basi: l'unica religione trattata a fondo è quella cattolica, impartita dagli stessi sacerdoti, e le altre posizioni di eterodossia o di ateismo sono solo tollerate, se non addirittura negate.

Il problema dell'educazione sessuale è molto più complesso e di difficile attuazione. E' inutile ricordare come nella maggior parte dei paesi civili l'educazione sessuale faccia parte del programma d'insegnamento. In Italia purtroppo, grazie a secolari pregiudizi e ad una mentalità decisamente conservatrice sopravvivente in larghi strati della popolazione, una riforma in questo campo provocherebbe reazioni e proteste di ogni genere, dettate più da moralismo male inteso che da una salda coscienza morale, e richiederebbe in ogni caso una fermezza ed una volontà politica ed etica di cui per ora non si vedono neppure i presupposti.

Che fare allora? Attendere un cambiamento della società che causi di conseguenza una riforma della scuola? Non sfugge a nessuno, penso, che il problema sociale e quello pedagogico sono strettamente connessi, tanto che la variazione di uno di essi provoca come spontanea conseguenza la variazione dell'altro.

Ora io credo che sia in un certo senso più semplice giungere per prima cosa ad un progresso nel campo educativo, se non altro perchè vi sono molti punti di carattere prevalentemente pratico su cui tutti noi studenti possiamo trovarci d'accordo per attuare una linea comune di sviluppo democratico. Certo questo non è facile: tocca a noi crearne i presupposti necessari.

MARCO DE POLI

Qualè la posizione della donna nella società italiana? Vedi inchiesta alle pagine 6-7

Il numero della *Zanzara* che affrontando i temi della sessualità e dell'emancipazione femminile fece esplodere uno scandalo di proporzioni nazionali.

CHE COSA PENSANO LE

Qual'è la posizione della donna nella società italiana? Quali sono i problemi che si trova ad affrontare? Qual'è il suo atteggiamento di fronte all'educazione, alla cultura, alla morale, alla religione, al matrimonio ed al lavoro?

E' indubbio che negli ultimi anni si sia verificata una notevole diminuzione dei pregiudizi che tenevano la donna in una posizione secondaria di fronte a questi problemi e che a un graduale evolversi della società abbia seguito un analogo processo evolutivo anche nel campo dell'emancipazione femminile. Ciò non toglie che in complesso sussista ancora diffusamente una mentalità conservatrice tendente a subordinare il sesso femminile a quello maschile.

Per avere una chiara visione di questi problemi, abbiamo pensato che il metodo migliore fosse quello di discuterne con ragazze di diversa età e di differente formazione, in modo da avere un'idea il più possibile fedele delle diverse posizioni.

L'educazione familiare

Una dei primi problemi che abbiamo affrontato nella nostra discussione è stato quello dei rapporti con la famiglia e dell'educazione che essa impartisce.

Il punto su cui praticamente tutte si sono trovate d'accordo è stato quello di ribadire la necessità di un'educazione « tendente a dare coscienza delle proprie responsabilità ». A questo si ricollega il desiderio di una notevole libertà individuale, concessa dai genitori, libertà che nella maggior parte dei casi è stata giudicata soddisfacente. « Ho sempre avuto molta libertà di agire come voglio, di frequentare la gente che voglio, di pensare come voglio ».

Per quanto riguarda i rapporti con i genitori, non viene più accettato un atteggiamento di tipo autoritaristico, ma si chiede loro amicizia e una maggiore comprensione dei propri problemi.

« Io posso accettare un consiglio da mio padre solo se è motivato e non perchè dice che è il padre e basta! »

« Io considero mia madre come un'amica, come una donna con cui discutere apertamente. Lei ha verso di me una grande fiducia ed altrettanto io verso di lei. Ascolta le mie opinioni, eventualmente le critica, e le discutiamo insieme. Non mi impone i suoi giudizi: mi consiglia ma mi lascia fare le mie esperienze ».

Ci sono, però, alcune eccezioni: « Il continuo e ossessivo desiderio da parte dei miei genitori di aiutarmi e di essermi vicino, mi è parso un'imposizione ed una limitazione della libertà, per cui mi sono allontanata e ho rifiutato il loro aiuto. L'autoritarismo dei genitori si risolve specialmente in un autoritarismo sulle questioni sessuali da cui derivano poi le altre.

Nella mia educazione sessuale non vi è stata una chiara negazione del sesso ma una specie di compromesso tra la negazione del sesso per rispetto a certe abitudini, ed una contemporanea affermazione per paura di essere arretrati negandolo. Il che ha prodotto in me una grande confusione ».

Già da questa risposta si introduce quello che è uno dei motivi fondamentali della nostra inchiesta: l'educazione sessuale. In generale l'intervento dei genitori in questo campo è stato giudicato piuttosto secondario; assai maggiore è l'influenza avuta dalla lettura di libri sull'argomento e dalle confidenze delle compagne:

« I genitori hanno fatto per me solo da complemento ».

Per quanto riguarda il futuro invece si prospetta un'educazione sessuale assai più completa e meno « traumatizzante », che abbia il suo fondamento nella scuola:

« L'educazione sessuale nella scuola, e non solo dal punto di vista medico, è assolutamente necessaria per una modifica della mentalità verso moltissimi problemi quali le ragazze madri, i figli illegittimi, ecc. Non vogliamo più un controllo dello stato e della società sui problemi del singolo e vogliamo che ognuno sia libero di fare ciò che vuole, a patto che ciò non leda la libertà altrui. Per cui, assoluta libertà sessuale e modifica totale della mentalità ».

« Per cambiare la mentalità sarebbe necessario impostare il problema sessuale su basi serie, cioè introdurre una certa educazione sessuale anche nelle scuole per chiarire le idee su certi problemi fondamentali che ognuno ad una certa età si trova a vivere, in modo che il problema sessuale non sia un tabù ma venga prospettato con una certa serietà e sicurezza. E che esso venga veramente affrontato sul piano sociologico; conoscere cioè tutte le posizioni in modo da avere un orientamento veramente responsabile ».

Il sesso e la società

All'esame dell'educazione sessuale segue immediatamente quello del modo in cui i problemi sessuali vengono affrontati dalla nostra società, che si può sintetizzare in un atteggiamento al tempo stesso di ipocrisia e di moralismo. Non potendo ovviamente analizzare a fondo i diversi aspetti della questione, ci siamo limitati a considerarne due, a nostro parere indicativi e di stretta attualità, e cioè la copiosa produzione di film ad argomento erotico, unicamente destinati a fare presa esteriore sul pubblico, e quello del controllo delle nascite. Per quanto riguarda il fenomeno cinematografico (strettamente legato poi a interessi commerciali) abbiamo riscontrato un atteggiamento decisamente polemico:

« I problemi sessuali che vengono prospettati specialmente dal cinema sono in fondo il frutto della nostra società, cioè puntano molto sull'interesse morboso che possono suscitare e sfruttano specialmente questo aspetto invece di studiare a fondo i problemi che affrontano ».

« Gran parte di questi film sono fatti da degenerati, per cui vi è da parte loro quasi un piacere morboso nel farli. Sono partiti da un'idea abbastanza giusta, cioè togliere questo velo d'ipocrisia che inceppava il nostro cinema. Ma quando hanno avuto un grosso successo di cassetta sono completamente degenerati ».

Un problema assai più complesso è quello del controllo delle nascite. Solo da poco tempo in Italia si può parlare con una certa libertà di questo argomento oggi reso quanto mai attuale dal nuovo atteggiamento assunto dalla Chiesa che affida ogni decisione in questo campo alla « coscienza » dei coniugi. Le ragazze con cui abbiamo parlato si sono rivelate per la maggior parte favorevoli all'uso di mezzi anticoncezionali durante il matrimonio; tutte indistintamente hanno poi dichiarato di essere disposte ad usarli in caso di difficoltà economiche o di motivi di salute.

« Nel rapporto sessuale ciò che più mi pare importante è la necessità di essere completamente uniti e perciò i figli sono una conseguenza di secondo grado e hanno un'importanza relativa ».

« Secondo me in ogni rapporto prematrimoniale e matrimoniale, l'uso della pillola sarebbe un atto di viltà, cioè la si usa perchè si ha paura di eventuali conseguenze che invece sono la base e il fine dell'unione. Non mi basta essere convinta dell'amore che provo per un uomo e il viverlo pienamente, ho assoluto bisogno di una prova continua di questo amore che secondo me può essere rappresentata solo da un figlio ».

Il problema morale e religioso

Dal problema del controllo delle nascite nel matrimonio è poi derivato come logica conseguenza quello dei rapporti prematrimoniali.

« Pongo dei limiti solo perchè non voglio correre il rischio di avere conseguenze. Ma se potessi usare liberamente gli anticoncezionali non avrei problemi di limiti ».

La questione è molto complessa e personale e non si darebbe un quadro esatto della situazione volendo generalizzare o fare statistiche. Preferiamo quindi riportare alcuni pareri che ci sono parsi indicativi delle diverse posizioni.

« Molti rapporti sono solo esperienze utili e non capisco come non si vogliano affrontare ».

« Specialmente nell'amore nessuno dovrebbe agire secondo limiti e regole già prima codificati, ma solo secondo la propria coscienza e la propria volontà ».

« All'uomo che si ama si può dare tutto entro però certi limiti. Se si vuole veramente amare vi è solo il matrimonio ».

« Se non si è abbastanza sicuri dei propri sentimenti da aver bisogno di un contratto, allora vuol dire che non siamo sicuri di noi stessi e del nostro amore ».

« Entrambi i sessi hanno ugualmente diritto ai rapporti prematrimoniali ».

« E' ridicolo il ragionamento sul matrimonio, perchè si arriva al controsenso della frase: ciò che è innaturale prima è naturale dopo ».

« Si può volere molto bene ad una persona, però fino ad un certo punto perchè ci sono cose che non si può e non si deve assolutamente dare, anche se si ama, al di fuori del matrimonio».

« La purezza spirituale non coincide con l'integrità fisica ».

Rispondendo alle nostre domande sull'esperienza prematrimoniale, le ragazze stesse hanno introdotto il motivo religioso, che è strettamente connesso col precedente. Quelle dichiaratamente cattoliche hanno rivelato due diverse tendenze: alcune concordano con la posizione ufficiale della Chiesa, che dà fondamentale importanza alla verginità prematrimoniale. Le altre invece

L'inchiesta della *Zanzara* a cura di tre studenti del liceo «Parini» di Milano: Marco Sassano, Claudia Beltramo Ceppi e Marco de Poli.

Inchiesta a cura di:
MARCO SASSANO
CLAUDIA BELTRAMO CEPPI
MARCO DE POLI

GAZZE D'OGGI?

ritengono che se c'è l'amore non abbia più senso parlare di limiti.

« La posizione della Chiesa concorda perfettamente con delle norme di natura igienica e sociale che ci impongono delle limitazioni necessarie per non creare dei disordini ».

« Il fatto religioso per me è stato profondamente negativo perchè mi ha per un certo periodo di tempo vietato strade che io pensavo apportatrici di felicità. Poi però mi sono ribellata ma prima di sentirmi veramente libera ho dovuto superare un lungo periodo di dubbi ed incertezze ».

« La religione in campo sessuale è apportatrice di complessi di colpa».

« Quando esiste l'amore non possono e non devono esistere limiti e freni religiosi ».

« La posizione della Chiesa mi ha creato molti conflitti fin quando non me ne sono allontanata ».

Ma la religiosità non è l'unico vincolo che limita la libertà sessuale, vi è anche la preoccupazione di « tradire » la fiducia della propria famiglia, agendo contro le norme della morale corrente.

« La donna, generalmente, non è indipendente ed è fortemente legata alla famiglia e non può assolutamente tradire la fiducia che questa ha in lei ».

« I sentimenti di mio padre e di mia madre non possono influire sui miei: posso dare un grande valore a mio padre e a mia madre, ma se io reputo giusto l'agire in un dato modo il loro giudizio non influisce assolutamente su di me ».

« Secondo me uno tradisce la fiducia dei suoi genitori solo quando non è coerente con se stesso ».

Il matrimonio e il lavoro

Fino a pochi anni fa, prima dell'ultima guerra, alla donna era praticamente aperta un'unica via: quella del matrimonio. Oggi, che più di un quarto della popolazione lavorativa italiana è di sesso femminile la situazione è notevolmente mutata e possiamo dire che questo è uno dei settori in cui più rapidamente si sta realizzando la parità fra i due sessi. Tuttavia il problema si prospetta sotto diversi aspetti a seconda della condizione sociale della ragazza.

E' stato interessante conoscere in proposito le idee di ragazze che frequentano il liceo classico, appartenenti cioè ad un ambiente tipicamente borghese.

« Un tempo non molto lontano, erano i genitori a non spingere la figlia sulla strada del lavoro, non dandole la stessa educazione del maschio, perchè per definizione era destinata al matrimonio e a fare la donna di casa; ma ora sono le figlie che dicono: — Per ora sono i genitori a mantenermi, poi mi sposo; è inutile quindi che mi cerchi seriamente un impegno, una strada. Voglio solo avere una educazione che mi permetta di sposare un uomo di una certa istruzione ed educazione superiore o almeno pari alla mia. — E questo vale specialmente per quelle che frequentano i licei ».

« Certamente la maggioranza delle ragazze partono dal presupposto di sposarsi e quindi non danno importanza alla ricerca di una propria strada ».

« Molte fanno questo ragionamento: — Io adesso faccio il liceo, perchè così mi piace, poi presa la maturità, basta, pianto lì tutto e aspetto un marito.

E questi sono ragionamenti che io non ho mai sentito fare da ragazze che lavorano da quando hanno 16-18 anni, ma solo da studentesse, specialmente del Parini, che sembra vogliano sposarsi solo per la paura di restare zitelle ».

« Molte di queste ragazze che aspirano come unico fine al matrimonio, saranno veramente, secondo me, delle pessime mogli e delle cattive madri; sarà certamente buona madre quella che già da ragazza ha una coscienza personale e civile ».

« Il pensiero dominante sul matrimonio in certi ambienti è questo: — Oh che bello! Dormirò fino alle undici del mattino, mentre quattro donne di servizio sgobberanno a mettere in ordine la casa ».

In affermazioni di tal genere si può chiaramente vedere come, secondo una mentalità molto diffusa, si tenda a creare una netta frattura tra lavoro e matrimonio. Però le ragazze intervistate hanno dichiarato di non poter scindere il matrimonio da una cosciente partecipazione alla vita della società sia nel lavoro che nelle altre attività culturali.

« Se mi offrissero una vita solo dedita al matrimonio, alla casa e ai figli, piuttosto di vivere così mi ammazzerei ».

« Non è tanto importante partecipare finanziariamente al mantenimento della famiglia ma è assolutamente necessario avere interessi al di fuori del matrimonio ».

« Secondo me matrimonio e lavoro non creano un dilemma perchè se una donna parte con l'idea di voler essere utile e impegnata, può conciliare benissimo il matrimonio al lavoro; se invece parte con l'idea di non volere lavorare, ma vuole solo sposarsi, si sposa. Perciò il dilemma non esiste ».

« Se una donna non vede se stessa come individuo singolo, profondamente interessato ed impegnato, con responsabilità e diritti anche nel matrimonio al 50 % è inutile parlare di parità con l'uomo ».

Si è presentato a questo punto un altro dei problemi oggi di scottante attualità: il divorzio. Come è noto, dopo anni e anni di totale disinteresse che rivelano gretto moralismo e ipocrisia da parte della nostra classe dirigente, si è finalmente giunti ad una proposta di legge che, per quanto cauta e limitata, trasporta la possibilità del divorzio dal piano teorico a quello pratico.

« Il divorzio, concesso però non con leggerezza, deve esistere anche solo per il rispetto che si deve alla libertà dell'uomo ».

« Il divorzio, a mio parere di cattolica, non dovrebbe esistere, però sarebbe giusto che esistesse per quelle persone che non condividendo le mie idee sono costrette lo stesso a rimanere legate per tutta la vita ad una persona che non amano ».

« L'incompatibilità di carattere veramente comprovata deve essere sufficiente al divorzio ».

Impegno collettivo o impegno di elite?

Come conclusione abbiamo chiesto un parere sull'atteggiamento preso nella risoluzione di questi problemi dalla massa delle ragazze. Non crediamo siano necessari commenti:

« La massa delle ragazze è veramente a terra, non credo poi che vi sia una via di mezzo, ma quelle che sono intellettualmente superiori e che hanno un atteggiamento e una posizione positiva, anche se sono poche, hanno certamente un peso importante e riscattano in parte la negatività della massa ».

« La maggioranza delle ragazze che pensano in un modo secondo me sbagliato non conta e non ha vero rilievo, in quanto non si sanno effettivamente affermare, mentre le altre, le impegnate, hanno preso veramente coscienza di sè e l'affermano a voce alta. Ma la massa disinteressata che è molto ampia in certi momenti riesce a schiacciare questa piccola élite, e quando le appartenenti a questa massa diffonderanno le loro non-idee ai loro figli, aumenterà il già immenso numero dei disinteressati. Ma, questo è certo, lo stesso discorso vale per i ragazzi ».

COLLABORATE CON NOI

Compilate questo tagliando, staccatelo e deponetelo nell'urna posta nell'atrio. Grazie!

Esprimi con un voto il tuo giudizio sulla "Zanzara" ....

Quali articoli trovi più interessanti?

....

Quali meno interessanti?

....

Quali argomenti, non trattati da questo numero, vorresti vedere sulla "Zanzara"?

....

Per suggerimenti, proposte, critiche all'ASP o alla Zanzara, è in funzione un'apposita cassetta nell'atrio. Scriveteci, vi risponderemo.

Le proteste di Pisa (ANSA).

A Torino le cose andarono in modo diverso, e giunsero alla fase cruciale il 9 febbraio, al termine di un lungo periodo di scioperi che aveva coinvolto con modalità diverse i vari livelli in cui il comparto nazionale dell'istruzione era strutturato. In particolare, all'università stavano protestando tanto i docenti di ruolo quanto gli assistenti incaricati e gli studenti, con rivendicazioni che spaziavano dall'autoritarismo dei cosiddetti «baroni» al raddoppio delle tasse d'iscrizione (previste dal piano di riforma del ministro Gui contenuto nella legge 2314 di modifica dell'ordinamento universitario). Al termine di un'assemblea in cui era all'ordine del giorno proprio la discussione sulla legge di riforma, in quel giorno d'inizio febbraio una cospicua parte di studenti riuniti nell'aula magna messa a disposizione dal rettore decise, come già era accaduto a Pisa, di non uscire dall'aula, si barricò all'interno e sigillò l'ingresso con una robusta catena. *La Stampa* del 10 febbraio, in seconda pagina, dava un'ampia descrizione degli avvenimenti e soprattutto dello sgombero dell'aula, avvenuto in quella stessa serata, con l'intervento della polizia chiamata dall'allora rettore Mario Allara:

> Alle 20.30 i professori Gullini e Chiodi hanno cercato di persuadere i giovani a desistere, annunciando che a breve, su richiesta del Rettore, sarebbe arrivata la polizia. Gli universitari, ridotti ad 81, hanno rifiutato. I carabinieri sono giunti alle 20.50 e, di fronte alla resistenza passiva degli studenti, li hanno portati fuori a uno a uno, deponendoli sulla piazza antistante. Alle 21 l'operazione era finita e la sede universitaria chiusa. Gli 81 occupanti abusivi saranno denunciati. Ore 23 colpo di scena. Ai dimostranti riuniti alla Camera del Lavoro è giunta la solidarietà dell'Intesa (democristiani). Insieme hanno deciso che stamane occuperanno Palazzo Campana e chiederanno le dimissioni del Rettore.

Sulla base di queste premesse, i propositi degli studenti trovavano piena applicazione il giorno successivo, quando a suscitare tafferugli era, a detta della *Stampa* dell'11 febbraio, un migliaio di persone. La cronaca della giornata sta tutta nell'occhiello dell'articolo del quotidiano torinese:

> Gli studenti volevano occupare Palazzo Campana, hanno trovato le porte sbarrate. Un migliaio di dimostranti si è trasferito davanti alla sede di via Po: bloccato il traffico, cariche degli agenti. I giovani occupano la facoltà di Fisica (sono sgombrati a braccia) e quella di fisiologia (dove sono tuttora). Chiedono le dimissioni del Rettore, ma il Senato accademico esprime solidarietà al prof. Allara e condanna gli atti di violenza antidemocratica.

Nonostante la costante presenza della polizia di fronte alle sedi occupate, il giorno successivo gli studenti rimasero nell'istituto di fisiologia, in corso

Raffaello, bivaccando in aula magna e organizzando assemblee, discussioni e intrattenimento con proiezioni di film. La novità della giornata era però che i docenti cominciavano a prendere posizione, e non tutti a favore del rettore e del senato accademico. Era la stessa *Stampa* del 12 febbraio a darne notizia:

> A titolo personale la prof. Massucco-Costa ha dichiarato di ritenere positiva l'agitazione degli studenti. Hanno portato l'adesione degli incaricati il dr. Della Gatta e degli assistenti l'Arch. De Rossi.

La rivolta studentesca contro il potere accademico, dunque, pur avendo preso spunto da un problema contingente, non esitò a intaccare privilegi e consuetudini che fino a quel momento nessuno aveva osato contestare. Interessante, per esempio, un'intervista rilasciata al quotidiano *La Repubblica* in occasione di un convegno sul '68, in cui lo storico Giovanni De Luna, cercando di definire le dinamiche che portarono all'esplosione della protesta, fornisce una dimensione concreta dell'inattaccabilità del potere baronale a quei tempi:

> Cominciò con un pretesto molto pragmatico: si era diffusa la voce che volessero spostare le facoltà umanistiche nella tenuta della Mandria. Pertanto la prima mobilitazione – io ero all'ultimo anno di Giurisprudenza – avvenne su un obiettivo certamente non rivoluzionario. Facemmo irruzione nel senato accademico e nel consiglio d'amministrazione, rompendo così la sacralità del potere accademico. Poi venne il resto. [...] Giovanni Getto era solito fare gli esami in uno stanzino di palazzo Campana. In questa stanza c'era un parquet di legno e spesso Getto accendeva una stufetta. Quando si doveva andare da lui per un esame, all'ingresso della stanzetta bisognava prendere dei pattini di stoffa e camminarci sopra per via, appunto, del parquet. Però, procedendo, poteva capitare che, per superare il filo della stufa, uno lasciasse i pattini. Bene: a quel punto, Getto era capace di bocciarti se perdevi quei benedetti pattini. (*La Repubblica*, sezione Torino, 27 novembre 2002)

In quello stesso 12 febbraio, barricati «al freddo e con poca luce» nell'aula di fisiologia della facoltà di Medicina, gli studenti scrissero una lettera aperta ai docenti di ruolo affinché riflettessero sull'opportunità di revocare la fiducia al rettore. Del testo della lettera fu data pubblica lettura nell'aula stessa da Luigi Bobbio, membro dell'UGI e segretario dell'Interfacoltà, nonché figlio del filosofo Norberto, a quei tempi docente presso la facoltà di Lettere e filosofia. Sosteneva il documento che «la condizione preliminare per la collaborazione tra studenti e professori è che il clima di autori-

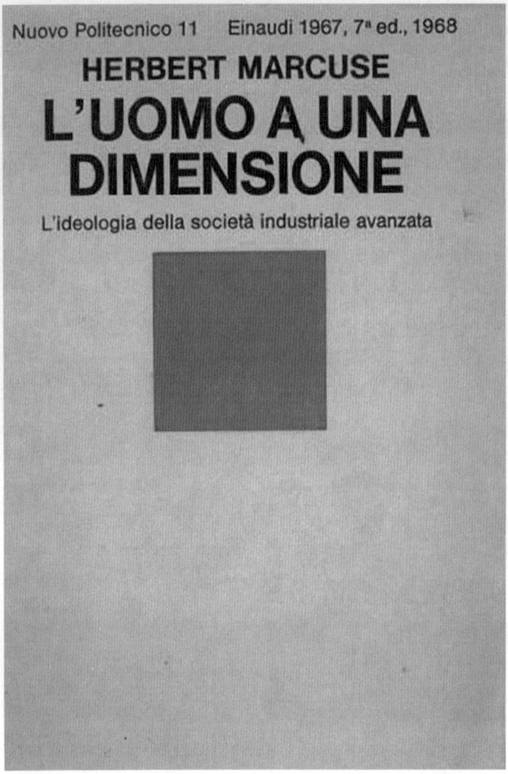

La copertina dell'opera di Herbert Marcuse *L'uomo a una dimensione*, giunta nel 1968 alla settima edizione.

tarismo venga finalmente a cessare» (*La Stampa*, 13 febbraio 1967).
Frattanto, nello stesso giorno, altri docenti solidarizzavano con gli studenti. La situazione si veniva a sbloccare infine il 14 febbraio, quando gli studenti abbandonavano spontaneamente l'aula di fisiologia, anche in virtù di una spaccatura interna che vedeva su posizioni diverse UGI e Interfacoltà. Nel contempo, il senato accademico convocato dal rettore gli confermava la fiducia, e così faceva anche il consiglio comunale torinese, dove il sindaco, l'avvocato Giuseppe Grosso, in quel momento preside della facoltà di Legge, se la prendeva in modo particolare con i docenti che avevano solidarizzato con la protesta. Era ancora *La Stampa*, apertamente schierata con chi si opponeva alla protesta, a recepirne le parole:

> Non vorrei che dell'agitazione dei giovani per modificare il piano di riforma si servissero quei professori che aspirano ad entrare nelle Università senza superare la selezione dei concorsi ritenuti troppo severi.

E concludeva con toni polemici: «I docenti che appoggiano la richiesta di dimissioni del Rettore sono una minoranza molto, molto limitata». Da notare che, mentre *La Stampa* cercava di dar voce soprattutto agli studenti contrari alla protesta e sostenitori della libera partecipazione alle lezioni, non la stessa cosa accadeva per l'altro quotidiano a quei tempi esistente a Torino, *La Gazzetta del Popolo*, che in quel frangente e anche in seguito assunse toni di maggiore apertura.
Intanto, i fatti di Torino e prima ancora quelli di Pisa avevano contagiato l'ambiente studentesco dell'intero Paese, tanto che soltanto qualche giorno

2 Venerdì 10 Febbraio 1967 LA STAMPA Anno 101 - Numero 34

CRONACA CITTADINA

Disordine e inquietudine nella scuola

Studenti occupano l'Università Sgombrati a braccia dalla polizia

Verranno denunciati - Appartengono all'Ugi (sinistra) - In un primo tempo gli altri universitari li hanno disapprovati - Ma alle 23, improvvisamente, l'Intesa (democristiani) ha deciso di affiancarsi all'Ugi: annunciano per oggi l'occupazione di Palazzo Campana

Lo sciopero dei professori finito con tumulti di studenti

Uno dei «trasporti forzati» eseguiti ieri sera all'Università da carabinieri e polizia

Le indagini sul tragico assalto del 16 gennaio

Vasta azione per identificare i complici del bandito che uccise nella banca di Ciriè

Nella notte cento agenti bloccano un isolato della barriera di Orbassano, perquisiscono decine di alloggi e cantine - Un cuoco, la sua amica e i proprietari di un ristorante invitati a Milano - Interrogati per sapere se, nei giorni delle rapine, c'era stato nel loro locale un francese - Nel Bergamasco fermato Guido Bergamelli - Non è riconosciuto dagli impiegati delle banche, la donna presa in ostaggio è incerta - Indagini sulla Costa Azzurra

Da sinistra: Guido Bergamelli; il cuoco Umberto Titonel e la sua amica Cassinelli; la signora Rina Rabino

L'alibi di Guido Bergamelli confermato da due negozianti

Le dichiarazioni - Il proprietario del ristorante di Pradalunga: «Il 16 gennaio, nell'ora in cui avvenivano le rapine, era con me, nessun dubbio» - Anche il parroco lo difende: «Siamo vicini di casa e l'ho sempre visto, tutti i giorni»

Maria Teresa Braidotti

Donna si uccide col gas in una crisi di sconforto

Gilbert Bonifaci interrogato a Nizza e subito rilasciato

Resta a disposizione della polizia - Oggi sarà completata l'inchiesta sui suoi rapporti con il Bergamelli

Spaventato da una sirena cade dalla moto e muore

Specchio dei tempi

Lo Stato ormai è un limone spremuto, senza quattrini - Le gonne delle donne e la crisi tessile - "Ai miei tempi il cloro serviva per disinfettare le latrine del reggimento" - Innocenza d'un critico televisivo: un cavallo non è un mulo - Ricordo del carnevale 1967

Comizio sul «centro-sinistra» dell'on. La Malfa al Carignano

Parlerà domenica alle 10,30

L'industriale Gatto dinanzi ai giudici Sua moglie lo accusa di «concubinato»

Con l'ex presidente del «Cenisia» è comparsa anche la segretaria, presunta amante - Una tessitrice del calzificio: «In fabbrica si parlava della relazione»

TEMPERATURA DI IERI	
MASSIMA	+ 8,0
MINIMA	+ 2,5

La notizia dell'occupazione di palazzo Campana nella cronaca cittadina della *Stampa* del 10 febbraio (Archivio storico La Stampa).

Scontri fra studenti e polizia a palazzo Campana (fondo Gazzetta del Popolo, su concessione dell'Archivio Storico della Città di Torino, tutti i diritti riservati).

dopo, il 20 febbraio, per la prima volta in Italia scendevano in piazza gli studenti medi. Accadeva a Viareggio, importante centro balneare in provincia di Lucca, dove dichiaravano lo sciopero i ragazzi delle medie superiori, intenzionati a solidarizzare con gli universitari. Il corteo studentesco veniva attaccato dalle forze dell'ordine, che lasciavano sul terreno feriti e contusi, evento che alimentò la protesta, perché ne seguì un corteo di seimila cittadini indignati contro i metodi delle forze dell'ordine.
Tuttavia, la vera occupazione di palazzo Campana, quella a cui si fa risalire l'origine dei moti sessantottini, è quella che si verificò alla fine del novembre 1967 e che durò un mese esatto.
Tutto partì dal progetto annunciato dal consiglio di amministrazione dell'università di spostare il centro studi universitario a Venaria Reale, all'interno del parco La Mandria, parecchi chilometri al di fuori del concentrico cittadino. Com'è naturale, la proposta ai più sembrò subito inopportuna, perché avrebbe in qualche modo gravato sui costi sostenuti dalle famiglie e non avrebbe certo reso più accessibile lo studio ai meno abbienti. La decisione di acquistare tre milioni di metri quadrati di terreno nella località prescelta, assunta dal consiglio di amministrazione il 22 novembre, scatenò le proteste. L'organo amministrativo stesso deliberò l'acquisto, a maggioranza e non all'unanimità, poiché al suo interno si creò una lacerazione tra professori di ruolo da una parte e incaricati e assistenti dall'altra. Questi ultimi, portavoce di un movimento di dissenso molto più ampio all'interno dell'università riguardo la creazione del nuovo centro studi, potevano contare sui pareri negativi già espressi dal comitato regionale della programmazione, dal consiglio comunale e dall'istituto di urbanistica. I più contrari e determinati a non lasciare che il progetto andasse in porto erano comunque gli studenti, che il giorno stesso in cui avvenne l'assunzione della delibera cinsero d'assedio il rettorato. Scriveva *La Stampa* del 23 novembre:

> Sono le 15. 500 giovani si riuniscono a Palazzo Campana, in via Carlo Alberto, sede delle facoltà Umanistiche. Vogliono decidere i mezzi utili a bloccare la decisione del Consiglio dell'Università. Dopo un rapido esame del problema decidono di passare alle vie di fatto. Alle 16.30 si avviano a gruppi verso il Rettorato, in via Po 17, ove è iniziata da poco la seduta. Invadono il cortile, impediscono agli uscieri di chiudere gli ingressi. Un giovane con megafono sale su una sedia sistemata tra le auto in sosta ed invita il Consiglio a sospendere i lavori. I compagni gli fanno eco gridando «Sospendete, sospendete». Il chiasso è assordante. Il Rettore fa sapere agli studenti che se non sgomberano immediatamente farà intervenire la polizia. Parecchi escono, ma i più ostinati, circa 200, raggiungono la balconata al primo piano e si piazzano davanti la sala delle riunioni. Seduti a terra e sulla balaustra riprendono a discutere i problemi dell'Università.

Numero 277 — LA STAMPA — Giovedì 23 Novembre 1967 — 9

...liberato dal Consiglio di amministrazione dell'Ateneo

...«Città universitaria» di Torino ...rgerà sui terreni della Mandria

...aia di studenti assediano il «rettorato» per impedire la decisione - Lanciano un ultimatum: o ci fate en... o sfondiamo la porta - Con un megafono imitano i tre squilli della carica, poi a spallate abbattono l'uscio ...dono l'aula - Intervengono polizia e carabinieri: dopo due ore torna la calma, gli universitari sgombrano la ...Ora una commissione di idoneità dovrà stabilire se la zona scelta è adatta ad ospitare la città universitaria

Gli studenti universitari torinesi lasciano la sede dell'Ateneo dopo l'occupazione

Ieri sera la sentenza d'appello a Torino

Cinque assoluzioni (compresa la madre) nel processo per la tredicenne di Novara

Per la donna (quarantaquattrenne, prosciolta in primo grado) il P.G. aveva proposto 4 anni e 4 mesi per sfruttamento e favoreggiamento della prostituzione della figlia - Gli altri assolti sono: i due albergatori di Turbigo, il maresciallo dei bersaglieri e un commerciante novarese - Alcune pene ridotte: l'agricoltore Pagani (già condannato a cinque anni e otto mesi) ne ha avuti tre e mezzo; è l'unico arrestato e rimane in carcere

Teodora Nuzzo, madre di Elisabetta Orlando, col marito e la figlia minore ieri sera dopo la sentenza (Moisio)

Remo Lugli

Un altro delitto del banditismo sardo

Possidente ucciso a Ozieri con due fucilate in un agguato

Aveva 64 anni ed era molto stimato nella zona - Era in compagnia di un suo pastore - Escluso il delitto per vendetta - Forse è stato assassinato perché rifiutava di assoggettarsi a tentativi di estorsione

Conferenza del prof. De Castro

Nel Duemila ci sfameremo con i residuati del petrolio

Nascosto nella soffitta di casa

Pericoloso bandito sardo arrestato di notte ad Orgosolo

Licenzia il portinaio che reclama perché gli ha sedotto la figlia

Un padrone di casa (24 anni) a Milano - La ragazza, quindicenne, aveva ceduto al giovane con la lusinga del matrimonio

La notizia dello spostamento del polo universitario al parco della Mandria, che fece scattare la decisione di occupare palazzo Campana (Archivio storico La Stampa).

Dopo aver steso una mozione consegnata poi al rappresentante degli studenti che partecipava alla seduta (il rettore aveva a priori rifiutato d'interagire con chi contestava), gli assedianti decisero di inasprire i toni e i metodi della protesta. Ancora dalla *Stampa* del 23 novembre:

> [Alle 18.30] con il megafono gli studenti comunicano al Rettore che verranno dati tre avvertimenti poi sarà abbattuta la porta. Qualcuno spaventato dall'intimazione se ne va, un centinaio di giovani restano. Il megafono viene utilizzato per imitare gli squilli della carica. Un paio di spallate e la porta si spalanca e gli scalmanati irrompono nella sala delle riunioni. Il prof. Allara li invita ad uscire immediatamente, alcuni professori cercano di convincerli che le azioni di forza sono illegali ed inutili.

Gli studenti decideranno di sgombrare l'aula la sera stessa, su invito della polizia, che nel frattempo aveva circondato il palazzo. Va da sé che l'azione era però stata emblematica e, oltre a scuotere le coscienze, aveva spianato la strada a ciò che avverrà in seguito, mettendo in crisi un potere e un sistema che fino a quel momento erano considerati inattaccabili.
Tra le pagine dello stesso giornale, frattanto, faceva capolino la notizia che anche gli studenti medi dell'Istituto Tecnico «Castellamonte» e dello Scientifico «Galileo Ferraris» erano scesi in sciopero per solidarietà con due studenti del liceo «Gioberti», sospesi per aver affisso un tazebao, come allora veniva definito con termine cinese un poster.
La vera occupazione di palazzo Campana avveniva il 27 novembre quando, sulla scia della recente occupazione della Cattolica di Milano, avvenuta il 19 dello stesso mese, un drappello di irriducibili – una trentina, a detta della *Stampa* – si barricava all'interno dell'aula magna di Giurisprudenza, nel grande edificio sede delle facoltà umanistiche. Scriveva il quotidiano torinese del 28 novembre:

> L'atto di forza è stato deciso ieri mattina in un'assemblea di 500 universitari. Si sono dichiarati a favore i rappresentanti di Ugi (sinistre), Goliardi indipendenti (Liberali), Intesa (Cattolici); contrari il gruppo di Viva Verdi (Monarchici) e gli studenti di medicina. Il portone principale del palazzo è stato chiuso con catene e lucchetti alle 12.30. Nel pomeriggio non si sono potute svolgere le lezioni.

L'articolo proseguiva poi ricordando le rivendicazioni degli studenti, non certo da poco:

> Si accusano i professori di trattare gli studenti come sudditi e gli assistenti come lacché, di condurre gli esami come interrogatori, di scegliere gli argo-

30 studenti occupano l'Università
Un appello del Senato Accademico

I giovani vogliono opporsi "all'autoritarismo della scuola" - Il Senato si rivolge ai giovani "che sentono impegno di serietà" perché non siano turbati gli studi

Palazzo Campana, sede delle facoltà umanistiche, è occupato dagli studenti. L'atto di forza è stato deciso ieri mattina in un'assemblea di 500 universitari (gli iscritti in totale sono 19.500). Si sono dichiarati a favore i rappresentanti Ugi (sinistre), Goliardi indipendenti (liberali), Intesa (cattolici); contrari il gruppo Viva Verdi (monarchici) e gli studenti di medicina. Il portone principale del palazzo è stato chiuso con catene e lucchetti alle 12,30. Nel pomeriggio non si sono potute svolgere le lezioni.

Quali i motivi della clamorosa manifestazione? Gli studenti li hanno riassunti in un opuscolo ciclostilato in cui affermano chè l'occasione *« è stata data dalla scelta della Mandria per la città universitaria e dalla imminente discussione del piano Gui »*. Nei giorni scorsi le assemblee di facoltà hanno individuato un bersaglio preciso per la protesta: *« Contestare ed eliminare l'autoritarismo delle attuali strutture universitarie di cui l'episodio della Mandria non è che un esempio »*.

Si accusano i professori di trattare gli studenti *« come sudditi »* e gli assistenti *« come lacchè »*; di condurre gli esami *« come interrogatori »*, di scegliere gli argomenti dei corsi *« arbitrariamente »* ecc.

Gli studenti chiedono: assemblee di facoltà per discutere tutti i problemi relativi all'insegnamento; una commissione per esaminare i piani di studio; abolire le lezioni « cattedratiche » e gli esami individuali. Ritengono indispensabile: discutere i programmi, il contenuto, il significato e la destinazione dei corsi; fare ricerche collettive, istituire seminari fra più corsi. I voti di esame dovrebbero essere dati *« in base alla partecipazione degli studenti a queste attività »*.

Dicono: *« Se non usiamo la forza nessuno ci ascolta. Ecco perchè abbiamo deciso di occupare Palazzo Campana »*. Ieri pomeriggio si sono riuniti i primi gruppi di studio, è stata inviata una lettera a tutti i professori per chiedere *« di non ostacolare la protesta »*. Alle 23 una trentina di studenti si sono sistemati nell'aula magna di legge. Alla porta barricate di cattedre e all'addiaccio un picchetto di guardia.

Il Senato accademico riunito ieri sera ha approvato con 9 voti su 10 il seguente comunicato:

« Conscio che i problemi dell'Università si risolvono attraverso un fecondo dialogo, nel rispetto dei metodi di civile soluzione dei problemi e nell'ambito delle istituzioni; richiamate le determinazioni di facoltà che hanno stabilito forme di dialogo e di collaborazione, il Senato accademico constata che le agitazioni, le quali ripudiano gli stessi organismi rappresentativi studenteschi, turbano il serio svolgimento degli studi ».

L'ordine del giorno così prosegue: *« Il Senato accademico afferma che l'autonomia e la vita dell'Università debbono trovare anzitutto il proprio baluardo nel serio impegno dei professori e degli studenti. Fa appello agli studenti che sentono questo impegno di serietà e di studio perchè con la loro presenza e volontà vogliano impedire che sia turbata con la violenza la vita dell'Università »*.

Il gen. Ciravegna lascia Torino

Il gen. Tomaso Ciravegna lascia il comando della I Brigata Carabinieri, che aveva ottenuto nel 1962 dopo quello della Legione Allievi. A sostituirlo, dal 1° dicembre, è stato chiamato il gen. Mario Della, che reggeva la Brigata Carabinieri di Bologna ed ha comandato in precedenza a Torino la Legione Allievi e la Legione territoriale.

L'occupazione di Palazzo Campana
Bloccate le lezioni all'Università

L'azione di un ristretto gruppo contro la volontà della maggioranza degli studenti
Il prof. Grosso costretto a trasferirsi in altra sede con i giovani contrari allo sciopero

Da due giorni Palazzo Campana è occupato da un gruppo di studenti che chiedono la riforma dei programmi. Le lezioni sono sospese, le biblioteche chiuse, gli istituti hanno i sigilli alle porte. L'edificio ospita le facoltà umanistiche (giurisprudenza, lettere e filosofia, magistero) ed alcuni corsi scientifici che contano circa 8 mila iscritti su 19.500 studenti dell'Università. Anche ieri ci sono stati disordini. Ecco la cronaca della giornata.

Alle 9 il rettore prof. Allara entra da una porta secondaria e raggiunge l'aula dove dovrebbe tenere lezione. E' accolto dagli occupanti con grida oltraggiose. Il prof. Allara rimane al suo posto per un'ora. All'esterno intanto circa mille giovani si presentano a gruppi alla porta di via Principe Amedeo, l'unica rimasta aperta. Dicono al picchetto di voler entrare per assistere alle lezioni, ma sono respinti. La stessa sorte tocca ai professori. Arriva anche il sindaco prof. Grosso che è preside della facoltà di giurisprudenza ed ordinario di Diritto romano. Viene invitato a non entrare. Il richiamo al buon senso ed al rispetto della libertà è ignorato.

Il prof. Grosso si rivolge ai suoi studenti: « Siete decisi ad assistere alla lezione? ». La risposta è affermativa. Il prof. Grosso decide di riunirli in una sala del rettorato in via Po. Lo seguono oltre 150 giovani; essi ribadiscono « la ferma volontà di seguire le lezioni ». Per tutto il giorno a Palazzo Campana proseguono le riunioni di facoltà.

L'occupazione, decisa da un'assemblea di 500 persone, è disapprovata dalla massa dei giovani. Parecchi scrivono al rettore per chiedere che l'ordine venga ristabilito e che le lezioni possano svolgersi regolarmente. Un gruppo di studenti sta raccogliendo firme di colleghi che sono contrari all'occupazione. Una delegazione è venuta a *« La Stampa »* per protestare contro *« i sistemi di pochi che vogliono imporre la loro volontà per fini politici »*.

Dicono: *« L'occupazione è un atto di violenza contro un'istituzione che ha bisogno di rinnovarsi, ma deve prima di tutto essere rispettata »*. Oggi intendono riunire, sotto i portici di piazza Carlo Alberto, gli studenti che vogliono frequentare i corsi per far valere *« la volontà della massa su quelli che hanno deciso l'occupazione »*. Le autorità accademiche intanto organizzano le lezioni di giurisprudenza, lettere e filosofia, magistero in altri locali dell'Università.

I Goliardi Indipendenti « aderiscono all'azione per il rinnovamento delle strutture didattiche, ma protestano per gli episodi di intolleranza ».

Ferito nella «500» tagliata in due da un cavo d'acciaio

Gianni Maestrello, 22 anni, abitante ad Orbassano, in strada Torino 31, ieri alle 19 mentre rincasava sulla sua « 500 », ha cercato di passare fra due autocarri che stavano attraversando la carreggiata, senza accorgersi che i veicoli erano uniti da un cavo da traino.

La fune d'acciaio ha tranciato il tetto dell'utilitaria, il Maestrello, perso il controllo, si è accasciato svenuto sul sedile. Soccorso dagli autisti degli autocarri e portato all'ospedale di Orbassano, è stato trasferito al San Giovanni per la frattura di una spalla.

Gli articoli della *Stampa* sui primi giorni dell'occupazione di palazzo Campana (Archivio storico La Stampa).

Un'immagine dell'occupazione di palazzo Campana.

menti dei corsi arbitrariamente ecc. Gli studenti chiedono: assemblee di facoltà per discutere tutti i problemi relativi all'insegnamento; una commissione per esaminare i piani di studio; abolire le lezioni cattedratiche e gli esami individuali. Ritengono indispensabile discutere i programmi, il contenuto, il significato e la destinazione dei corsi, fare ricerche collettive, istituire seminari fra più corsi. [...] Vogliamo scegliere gli argomenti di cui vogliamo occuparci, il tipo di formazione e gli strumenti didattici: i professori non devono essere i nostri padroni, ma devono partecipare ai seminari e alle ricerche su un piano di parità.

Il 29 lo stesso rettore e alcuni docenti particolarmente ostili al movimento di protesta ebbero modo di accorgersi quanto fossero determinati gli studenti in lotta e, con tutta probabilità, capirono che quella che si stava vivendo non era una crisi passeggera, bensì una rivolta destinata a mutare in maniera radicale non solo l'apparato universitario e la scuola italiana,

ma l'intera società. È sempre il principale organo di stampa torinese a far la cronaca della giornata:

> Alle 9 il Rettore, prof. Allara, entra in una porta secondaria e raggiunge l'aula dove dovrebbe tenere lezione. È accolto dagli occupanti con grida oltraggiose. Il prof. Allara rimane al suo posto per 1 ora. All'esterno, intanto, circa 1000 giovani si presentano a gruppi alla porta di via Principe Amedeo, l'unica rimasta aperta. Dicono al picchetto di voler entrare per seguire le lezioni, ma sono respinti. La stessa sorte tocca al Sindaco, prof. Grosso, che è Preside della facoltà di Giurisprudenza ed ordinario di Diritto romano. Viene invitato a non entrare. Il richiamo al buonsenso ed al rispetto della libertà è ignorato. Il prof. Grosso si rivolge ai suoi studenti: «Siete decisi ad assistere alla lezione?» La risposta è affermativa, il prof. Grosso decide di riunirli in una sala del Rettorato in via Po. Lo seguono oltre 150 giovani.

Intanto, per quanto l'occupazione fosse considerata un atto di prevaricazione da numerosi docenti e studenti che si erano attivati per una raccolta di firme utile a scongiurarla, all'interno del palazzo gli studenti di presidio si organizzavano. Racconta lo storico Marco Revelli, a quel tempo tra gli occupanti, in un'intervista rilasciata a un periodico dedicato alla scuola:

> Successe una cosa imprevista: gli studenti iniziarono a usare l'Università come strumento di auto-organizzazione del loro sapere, si divisero in commissioni e diedero il via ai contro-corsi. L'occupazione non era solo più uno strumento di pressione come era avvenuto a febbraio nelle occupazioni contro il progetto di legge 2314. Lo spostamento alla Mandria e il progetto di legge erano dichiarati effetto dell'autoritarismo accademico e si voleva spostare l'obiettivo sui contenuti e sui metodi di insegnamento. (Cesare Piancicola, «Palazzo Campana, quarant'anni fa», in *École*, n. 68, dicembre 2007, p. 15)

Volantini diffusi nei giorni dell'occupazione, in effetti, informano che le tematiche affrontate nei controcorsi corrispondevano ad argomenti con titoli assai

Gli agenti allontanano gli universitari da palazzo Campana (fondo Gazzetta del Popolo, su concessione dell’Archivio Storico della Città di Torino, tutti i diritti riservati).

improbabili per quei tempi: «Demistificazione delle ideologie», «Diritto allo studio», «Manipolazione del consenso», «Condizione operaia nella città del benessere». Fu questa, in effetti, la forza di quella protesta: la ricerca di un modello alternativo alla scuola tradizionale, che permettesse agli studenti di occuparsi di discipline che mai sarebbero rientrate in un curriculum ordinario:

Nel Rettorato di via Verdi 8 i «baroni» cacciati dal tempio tengono lezioni per chi non vuol partecipare ai controcorsi, ma palazzo Campana trabocca di studenti: nelle vecchie aule si studiano Marcuse e la Scuola di Francoforte, la storia dell'America Latina e dell'Indocina, sviluppo capitalistico in Italia, psicanalisi e repressione sociale. E gli esami e i voti? È l'argomento più spinoso che fa storcere il naso a molti progressisti. Giorgio Bocca arriva a Torino da inviato e scrive parole non troppo tenere: «I professori sono invitati dagli studenti a discutere il loro ruolo. In pratica devono stare in mezzo ad un'assemblea vociante da cui vengono informati che il loro ruolo è dannoso e inutile». (Ettore Boffano, *Torino, Palazzo Campana. Lo storico, il cronista e l'enigma del potere*, in *Millennium*, mensile del *Fatto Quotidiano*, n. 6, ottobre 2017)

Nei giorni a seguire gli occupanti dovettero più volte affrontare le proteste e i tentativi di controccupazione di chi era contrario all'azione di protesta; in più occasioni, infatti, toccò loro impedire l'ingresso a chi tentava d'introdursi di soppiatto nel palazzo. Ne nacque qualche tafferuglio, ma in sostanza non si verificarono atti di violenza di particolare gravità né dall'una né dall'altra parte.

Nel frattempo, il 16 dicembre anche il Politecnico veniva coinvolto nella protesta con l'occupazione della facoltà di Architettura al castello del Valentino. Qui, dopo un tentativo di manomissione della centrale termica (attuato con tutta probabilità per metterla in funzione), il rettore Capetti decise di ricorrere alla forza pubblica, che nella serata del 27 dicembre, senza violenza, fece sgombrare il palazzo dalle poche persone che si trovavano all'interno. In quella stessa data venne anche sgomberato palazzo

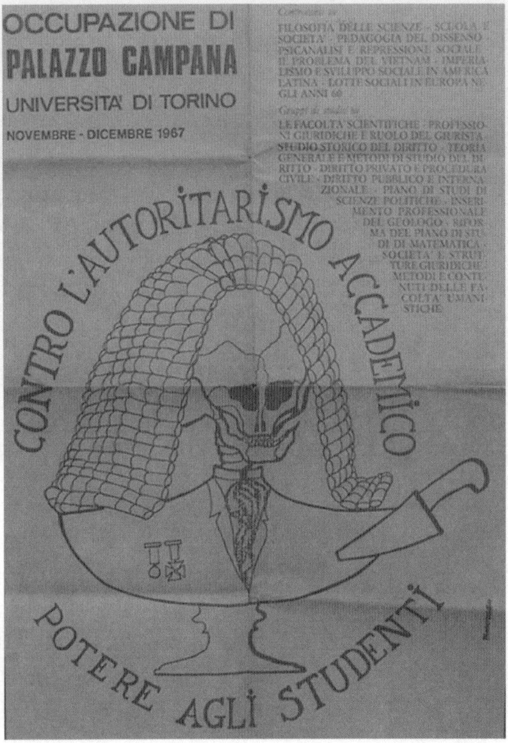

Il manifesto, ormai storico, con cui gli studenti annunciavano l’occupazione di palazzo Campana e ne spiegavano i motivi.

L’occupazione dell’aula magna della facoltà di Chimica.

Campana, in conseguenza di una delibera del senato accademico che autorizzava il rettore a richiedere l'intervento della polizia. Anche in questo caso, gli occupanti abbandonavano la facoltà senza opporre resistenza, ma una ventina furono identificati e denunciati.
L'anno seguente palazzo Campana avrebbe ancora subito tre occupazioni tra il gennaio e il febbraio 1968, ma certo fu la prima a dare il la all'espansione a macchia d'olio del movimento degli studenti, che nel giro di poche settimane dilagò in altre parti del Paese tornando a coinvolgere Pisa e poi Roma e Trento, dove il contributo degli studenti della facoltà di Sociologia fu determinante per fornire al movimento spinte rivendicative che vennero a coinvolgere anche gli ambiti politico e sociale, in precedenza interessati solo in modo marginale.
Certo la protesta studentesca sessantottina rappresentò qualcosa di più di un semplice movimento nato allo scopo di rivendicare diritti fino a quel punto elusi nelle scuole e nelle università. Fu soprattutto uno scontro generazionale, in cui i figli contestarono i padri; padri che a loro volta, in molti casi, non erano stati per nulla consenzienti nei confronti del potere dei loro tempi. Tra i leader della rivolta, infatti, c'erano i figli di Norberto Bobbio e di Alessandro Galante Garrone. Questi due intellettuali, assieme a Franco Venturi e Aldo Garosci, non si schierarono a favore della contestazione, anzi, in alcuni casi la criticarono con durezza. Chi accolse in toto le istanze studentesche fu invece Guido Quazza, ex comandante partigiano e intellettuale antifascista. Lo ricorda anche Giovanni De Luna in un suo saggio sul Partito d'Azione, proprio parlando di quei docenti che ebbero un passato legato a questa tendenza politica:

> Con Bobbio e Galante Garrone ci fu un rapporto dialettico, di dialogo, chi si schierò dalla nostra parte, anche personalmente, fu invece lo storico Guido Quazza. Altri invece, anche loro azionisti come Franco Venturi e Aldo Garosci, si arrabbiarono molto con noi. (Giovanni De Luna, *Storia del Partito d'Azione,* UTET, Torino 2006, p. 126)

Stesso concetto, in buona sostanza, veniva espresso da un articolo del settimanale *l'Espresso*, in un numero uscito all'inizio della primavera di quell'anno:

> Fra loro, in posizioni di guida, spiccano nomi che in questa città sono noti. Accanto ai Bobbio, Donat Cattin, Rieser, ci sono gli Agosti, Negarville, Galante Garrone, Casalegno, Marconi, Olivetti. Sono i figli di una Torino colta e antifascista, le cui famiglie in tempi difficili impararono a stimarsi, spesso rischiarono

Architettura occupata.

insieme, e anche dopo s’impegnarono in battaglie parallele, e ancor oggi mantengono contatti. Molti di questi ragazzi e ragazze si conobbero bambini, frequentarono le stesse case e si rividero sui banchi di scuola. Ma non c’è niente che li irriti tanto quanto il tentativo di individuare in loro un gruppo, una élite precostituita, naturale ed ereditaria, legata da altre cose che non la lotta di oggi. «Noi», dicono, «ci siamo incontrati soltanto nella crisi dell’università.» (Fabrizio Dentice, «E adesso occupiamo le fabbriche», in *l’Espresso*, 7 aprile 1968)

Approfondimento
GUIDO VIALE

Sociologo e saggista interessato a tematiche ambientaliste e legate al mondo del lavoro, tra i suoi scritti figurano numerose opere sulle politiche sostenibili nell’ambito del trattamento dei rifiuti. Fu leader del movimento studentesco, tra i dodici studenti arrestati nel marzo 1968 proprio per l’occupazione di palazzo Campana, e tra i leader di Lotta Continua incarcerati nel gennaio 1973.

In occasione del cinquantennio dell’occupazione di palazzo Campana, Guido Viale ha rilasciato un’intervista a Paolo Griseri per *La Repubblica*, pubblicata poi sulle pagine dedicate a Torino nel numero del 13 novembre 2017. Nelle sue parole si colgono alcuni spunti significativi. Alla domanda sull’inadeguatezza dei metodi didattici e del rapporto che si veniva a stabilire con i docenti, Viale risponde definendo il rettore di quei tempi, Mario Allara, un democristiano monarchico che nutriva nei confronti degli studenti profondo disprezzo:

> Non preparava dispense e non prendeva presenze. Ma all’esame pretendeva che ciascuno ricordasse le battutine di spirito che intercalava nelle lezioni, illustrando questo o quell’articolo del codice. Un modo di insegnare evidentemente inadeguato all’Università.

Interessante, invece, la versione che Viale fornisce dell’occupazione: che tutto fosse partito dal tentativo di costruire una nuova città degli studi a Venaria, infatti, si sapeva, ma non si sapeva che l’impulso alla protesta fosse venuto dagli studenti di Architettura. Sostiene infatti Viale:

> Gli studenti di Architettura arrivarono un giorno a palazzo Campana raccontandoci che c’era un progetto per trasferire le facoltà umanistiche a Venaria. Dicevano che era un’operazione speculativa, erano contrari e chiedevano la nostra adesione alla protesta. Due giorni dopo andammo in via Po, in Rettorato, ove era in corso la riunione per decidere il trasferimento. Qualcuno, probabilmente senza volerlo, spinse la porta della sala riunioni e finimmo per bloccare la seduta del Senato Accademico. Intervenne la polizia, alcuni di noi furono fermati e identificati. L’occupazione il giorno dopo fu la risposta all’atteggiamento della polizia.

Interessante anche la risposta riguardo il «come» si svolse l'occupazione, ovvero come fu occupato il lungo mese (dal 27 novembre a Natale) in cui gli studenti rimasero barricati:

> Eravamo divisi in gruppi di studio. Mettemmo in pratica i principi contenuti nella *Carta della Nuova Didattica* che avevamo preparato nei mesi precedenti. Ciascuno proponeva agli altri i libri da studiare e si facevano discussioni di gruppo sui testi letti.

Del tutto inconsueta la conclusione dell'intervista, dove alla richiesta di ricordare qualche aspetto del periodo sessantottino, Viale risponde con considerazioni che in qualche modo stanno tra l'analisi sociologica di quei tempi e il rimpianto del tempo inesorabilmente passato:

> Ricordo un clima di liberazione, la sensazione di poterci prendere tutto, di poter cambiare le cose. Ricordo la creatività dei cortei formati da decine di migliaia di studenti medi. Mi torna alla mente una città piena di giovani. Non solo nelle scuole, ma anche alla FIAT, dove erano arrivati da poco i ragazzi immigrati dal Sud. Alla fine di gennaio la polizia sgomberò palazzo Campana, Noi scoprimmo in anticipo che stavano arrivando e fuggimmo. Rimanemmo latitanti quindici giorni e ci consegnammo in cambio della promessa di una carcerazione breve. Rimanemmo in cella alle Nuove per due settimane e anche lì riuscimmo a creare legami e relazioni. Nacque il Movimento dei detenuti che protestava e noi appoggiavamo dall'esterno.

L'analisi di Guido Viale, come in fondo le tesi sostenute nelle pagine di questo libro, è netta nel sostenere che la morte dell'agente Antonio Annarumma e soprattutto la bomba alla Banca dell'Agricoltura furono i punti di svolta e di non ritorno nella conduzione della lotta politica e sociale nel Paese.

I dodici studenti fermati dalla polizia per l'occupazione di palazzo Campana vengono rimessi in libertà e possono abbracciare i propri cari fuori dalle Nuove (fondo Gazzetta del Popolo, su concessione dell'Archivio Storico della Città di Torino, tutti i diritti riservati).

Piazza Castello «invasa» da migliaia di studenti (fondo Gazzetta del Popolo, su concessione dell'Archivio Storico della Città di Torino, tutti i diritti riservati).

5. TORINO: UN '68 STUDENTESCO E OPERAIO

Come avvenne la *liaison* tra il movimento degli studenti e il movimento operaio in lotta, che nel 1969 produsse l'indimenticato «autunno caldo»? Forse una recente intervista realizzata con Patrizia Presbitero, storica leader del movimento nella facoltà di Medicina, può contribuire a metterci sulla strada giusta per comprenderlo. Parlando del coinvolgimento della sua facoltà, fino a quel punto abbastanza ai margini della protesta, così racconta la testimone, oggi cardiologa affermata:

> Influenzati soprattutto da Vittorio Rieser, che seguiva ed era un leader anche del movimento operaio, andavamo davanti ai cancelli della FIAT per scoprire quel mondo che, per chi veniva da famiglie borghesi come la mia, era rimasto del tutto estraneo, e che veniva vissuto e visto come il mondo portatore di valori rivoluzionari a cui ispirarsi. Eravamo organizzati in modo tale per cui tutti i giorni a turno andavamo davanti ai cancelli delle fabbriche a intervistare gli operai. Arrivammo così a concepire una cultura medica che partisse dal lavoro operaio. Per esempio: la fisiologia secondo noi, andava studiata partendo dal lavoro muscolare dell'operaio: ci si chiedeva che cosa crea la fatica? Come si contraggono i muscoli quando si svolgono mansioni in officina? [...] Era la centralità operaia, lo studio della malattia era orientato soprattutto sulle malattie che traevano origine dalla fabbrica, dalla fatica, dalla nevrosi. Lo stesso infarto, che poi è anche vero, [...] è più diffuso nelle classi medio-basse, dove si lavora di più, si fatica di più, si fuma, si dorme poco, si fanno i turni, si mangia male. [...] L'intuizione non era sbagliata, ma ricondurre tutto alla centralità operaia era un'utopia. (Intervista realizzata da Gian Vittorio Avondo, Torino, 10 agosto 2017)

Il mito della «centralità operaia», dunque, in nome del quale ormai si cominciavano a progettare piani di studi sempre più liberi, aveva preso a far capolino nelle assemblee studentesche, dove si era smesso di avanzare richieste corporative per puntare a obiettivi di più ampio respiro, con rivendicazioni che ormai investivano il piano sociale e quello politico.

Il tema della scuola, tuttavia, non era stato abbandonato, anzi, proprio a partire dai primi mesi del 1968 riprese con vigore. Nel maggio 1967, infatti, era stato dato alle stampe un libro potenzialmente esplosivo, in grado di mettere in crisi l'apparato che fino a quel momento aveva garantito il funzionamento

Sciopero FIAT nel 1968 (fondo Garelli, archivio Istituto piemontese per la storia della Resistenza e della società contemporanea).

SABATO
FESTIVO

Approfondimento
PATRIZIA PRESBITERO

Patrizia Presbitero con Vittorio Rieser.

Moglie di Nerio Nesi, presidente della Banca Nazionale del Lavoro negli anni Ottanta, ex ministro dei Lavori pubblici in quota a Rifondazione Comunista nel primo governo Prodi, Patrizia Presbitero è stata tra i più giovani primari ospedalieri d'Italia e soprattutto una tra le pochissime donne a praticare la cardiologia interventistica.
Nata a Ivrea, fu leader studentesco a Medicina durante il '68, fece parte del gruppo operaista che si era creato attorno a Vittorio Rieser, quindi di Avanguardia Operaia.
È cardiologo interventista presso l'Istituto Clinico Humanitas di Milano.

Il primo anno di medicina l'ho fatto alla Cattolica di Roma. Era il 1968: i primi episodi di contestazione nelle università romane erano ispirati dal vento di Torino. Io allora avevo un fidanzato torinese e quando veniva a trovarmi portava le novità, i fermenti che si agitavano in quelle università. A Roma la contestazione è stata molto violenta, perché univa la ribellione a un'organizzazione scolastica rigida e autoritaria al pesante condizionamento dell'ambiente cattolico. Un esempio fu la contestazione all'università Cattolica dell'esame di morale, che così com'era fatto, ispirato soltanto ai principi del più rigoroso cattolicesimo, non aveva alcun senso nella facoltà di medicina. Proprio perché contestavo l'esame di morale io fui addirittura sospesa dall'università.
Se mi chiede da che cosa è nata in me, e in tanti ragazzi, la «contestazione», credo che bisogna analizzare che cos'è successo negli anni Sessanta, anni in cui i nostri genitori erano tesi alla ricostruzione del Paese e delle proprie famiglie dopo la distruzione della guerra: erano genitori rigidi, conformisti, cattolici. Io vengo da una famiglia di notai del Canavese, immagini... proprio quelli duri

e puri. Per me il vento di ribellione ha iniziato a soffiare negli ultimi due anni di liceo, fatto a Ivrea nell'istituto «Botta», in particolare con lo studio della filosofia. Finito il liceo, la scelta di andare fuori dalla provincia di Torino, togliendosi dal treno Ivrea-Torino per fare l'università, già significava contestare. Ho dato l'esame di ammissione alla Normale di Pisa e alla Cattolica di Roma. Li ho vinti entrambi e ho scelto di andare a Roma. Pensi che avrei voluto studiare filosofia, in particolare ero già condizionata da Kant, Marx ed Engels, ma mio padre mi aveva detto che mi vedeva troppo orientata al pensiero astratto (in effetti avevo spesso la testa tra le nuvole), e mi aveva ingiunto di scegliere una facoltà pratica, come medicina o ingegneria. Quindi, per me, la ribellione era all'organizzazione scolastica, ma anche all'imposizione familiare. In più ci si ribellava anche ad altre cose, tendendo a nuove conquiste: la liberazione della donna, la libertà sessuale, la libertà di studiare in modo diverso… Tutti questi ingredienti hanno contribuito allo spirito di ribellione studentesca che poi, a Torino, si è sposato con il grande movimento operaio che andava crescendo, con richieste di nuovi diritti già dagli inizi degli anni Sessanta.

Il mio battesimo come contestatrice è iniziato a Roma, a Valle Giulia, quando lo schieramento di polizia che difendeva l'università fu fatto oggetto di lanci di sampietrini, verosimilmente da provocatori mescolati agli studenti. Noi più piccoli e più «ingenui» ci eravamo seduti a terra di fronte alla polizia in segno di protesta. Le forze dell'ordine reagirono con un attacco violento con lacrimogeni e manganelli: ci presero a centinaia sui furgoni, più o meno ammaccati (a una mia amica hanno fratturato il setto nasale) e ci portarono in caserma, da cui partirono le telefonate ai nostri genitori. Mio padre, con aria truce, venne a prendermi da Torino e mi disse che l'avventura romana era finita, e che avrei continuato gli studi a Torino.

Qui comincia l'avventura torinese... Lui pensava, portandomi qui, di tenermi sotto controllo, ma Torino era la vera fucina del movimento. Con la scusa di esami molto difficili, riuscii a ottenere il permesso di rimanere in città, nel Collegio Universitario. A quel punto accadde che la facoltà di Medicina di Torino, che fino a quel momento era rimasta un po' fuori dalla contestazione, che interessava soprattutto palazzo Campana, venne – diciamo così – conquistata da due personaggi importanti: Vittorio Rieser, che poi divenne il mio compagno storico per dieci anni, ed Enrico Deaglio, studente della facoltà, ma più che alla medicina interessato alla politica e alla storia, tant'è vero che ha poi fatto il giornalista e lo scrittore. Questi due leader seppero raccogliere il fermento che c'era nella facoltà e organizzare una contestazione che riguardava proprio l'organizzazione dello studio stesso. Dopo molti anni, quando la professione mi portò ad approfondire branche della medicina in modo rigoroso, mi sono trovata a criticare qualche scelta di quel periodo. Tuttavia, alcuni orientamenti, intuizioni, ideali che volevano orientare lo studio della medicina allora sono ancora oggi da considerare.

Arrivammo così a concepire una cultura medica che partisse dal lavoro operaio. Per esempio: la fisiologia, secondo noi, andava studiata partendo dal lavoro muscolare dell'operaio. Ci si chiedeva: che cosa crea la fatica? Come si contraggono i muscoli quando si svolgono mansioni in officina? […] Era la centralità operaia, lo studio della malattia era orientato soprattutto sulle malattie che traevano origine dalla fabbrica, dalla fatica, dalla nevrosi. Lo stesso infarto, che poi è anche vero [...] è più diffuso nelle classi medio-basse, dove si lavora di più, si fatica di più, si fuma, si dorme poco, si fanno i turni, si mangia male. [...] L’intuizione non era sbagliata, ma ricondurre tutto alla centralità operaia era un’utopia.

Le racconto un aneddoto: quando già facevo conferenze, una volta fui chiamata a Torino e venne a sentirmi il rettore dei miei tempi, professor Cavallo [Giorgio Cavallo (1923-2003), microbiologo di fama internazionale, candidato al Nobel e accademico dei Lincei, N.d.A.]. Quando mi venne a salutare, alla fine della conferenza, mi disse che non poteva dimenticare il mio esame di microbiologia. [...] In quell’occasione, infatti, lui mi aveva dato 30 e poi aveva considerato come egli non fosse solito fare differenze tra chi, come me, faceva parte del Movimento studentesco e chi no. Io gli avevo risposto, mi ricordò lui, guardandolo fisso negli occhi, che in ogni caso lo avremmo fatto finire in un campo di rieducazione. [...] Era il vento della rivoluzione culturale cinese. Come potessimo ambire a un modello come quello cinese non si sa.

L’unica rivoluzione libertaria che abbiamo appoggiato fu quella che avvenne in Cecoslovacchia, quando fu invasa.

In ogni caso la battaglia portata avanti in facoltà, a medicina, fu una battaglia tesa a scardinare il numero chiuso, che poi sciaguratamente saltò, a ottenere gli esami di gruppo, che per quanto non siano passati a medicina, si andava però in gruppo a sostenere i candidati e a intimorire i docenti. C’era un sostegno quasi terroristico dei candidati, contro i professori. La nostra battaglia era tesa a scardinare quelli che venivano considerati ostacoli al diritto allo studio, quindi a medicina lottammo per l’abolizione del numero chiuso, cosa che avvenne e, sinceramente, devo riconoscere che fu un disastro. Gli esami di gruppo, che noi chiedevamo, a medicina non passarono, ma quanto meno si andava a sostenere i candidati contro certi professori particolarmente selettivi.

Non erano tanti i professori schierati con noi. Sicuramente il professor Terracini e anche il professor Levi, di anatomia, che era abbastanza comprensivo. Terracini però si era anche lasciato affascinare da questa idea di riformare i programmi partendo dalla classe operaia, tanto è vero che poi molti fra i dirigenti del movimento finirono a fare i medici del lavoro o i medici ambientalisti... il filone ebbe una continuità.Tutto sommato, guardando oggi cosa accadde allora, penso che abbiamo fatto un grosso errore a privilegiare l’egualitarismo in contrapposizione alla meritocrazia e quello è l’errore che maggiormente ci imputarono.

Torino, 10 agosto 2017

della scuola e di farsi promotore di un sostanziale rinnovamento all’interno di questo mondo: *Lettera a una professoressa*. Era stato scritto da un prete fino a quel momento poco conosciuto, ignorato (e forse poco amato) in ambito ecclesiastico, curato di Barbiana, una frazione dell’Appennino toscano in cui la parrocchia rappresentava l’unico punto di riferimento per i contadini, poverissimi, che abitavano le case circostanti: «Barbiana... Barbiana non è nemmeno un villaggio», scrivevano gli stessi giovani che frequentavano la scuola nelle pagine introduttive:

> È una chiesa e le case sono sparse tra i boschi e i campi. [...] In tutto ci sono rimaste 39 anime. [...] In molte case e anche qui a scuola manca la luce elettrica e l'acqua. La strada non c'era. L'abbiamo adattata un po' noi perché ci passi una macchina. (AA.VV. [scuola di Barbiana], *Lettera a una professoressa*, Libreria Editrice Fiorentina, Firenze 1967, p. 8)

Don Milani, scomparso proprio in quel drammatico 1967, non ne era l'unico autore: il libro era espressione di un lavoro collettivo condotto da lui, ma realizzato sulla base di un'esperienza educativa con i ragazzi della parrocchia (otto in particolare), di età compresa fra gli 11 e i 18 anni.
Il potere dirompente di quest'umile libro, che nel 1972 superò il milione di copie vendute, fu proprio quello di aprire scenari e prospettive su cui nessuno aveva mai riflettuto, in particolare riguardo l'elitarismo dell'istituzione scolastica e il diritto allo studio. La forma semplice e colloquiale con cui era scritto, tra l'altro, gli permise di essere alla portata di tutte le categorie sociali, e non soltanto degli addetti ai lavori:

> La media vecchia era classista anche per l'orario e il calendario. La nuova non li ha mutati. Resta una scuola tagliata su misura dei ricchi, Di quelli che la cultura l'hanno in casa e vanno a scuola solo per mietere diplomi. Però c'è un filo di speranza, l'art. 3 istituisce un doposcuola di almeno 10 ore settimanali. (*Ibid.*, p. 53)

Tuttavia, in quel tempo i miti cui il movimento degli studenti faceva riferimento non erano soltanto don Milani e la sua scuoletta. Figure ben più conosciute quali Ernesto «el Che» Guevara, Robert «Bob» Ken-

La prima edizione di *Lettera a una professoressa*.

Approfondimento
DON LORENZO MILANI, EMARGINATO TRA GLI EMARGINATI

Una foto di don Lorenzo Milani alla scuola di Barbiana scattata da Oliviero Toscani, all'epoca appena ventunenne (ANSA).

Per don Milani, al tempo trentunenne, la nomina vescovile a priore di Barbiana, piccolo aggregato contadino del Mugello, avvenuta nel 1954, è da leggersi come una punizione che l'arcivescovo di Firenze Ermenegildo Florit gli somministrò per allontanarlo da Calenzano, centro operaio della provincia fiorentina, e per aver scritto il saggio *Esperienze pastorali*, dove metteva in evidenza i limiti evidenziati dall'operato della Chiesa nella realtà italiana in profonda evoluzione.
Tuttavia, anziché rappresentare una sorta di luogo di confino, il villaggio in cui era stato destinato fu per il sacerdote un trampolino di lancio, in quanto gli consentì di rendersi conto che era la mancanza di cultura e di strumenti linguistici a determinare l'emarginazione e la povertà in cui erano costretti i suoi parrocchiani. Per questo motivo s'impegnò a costituire una scuola media del tutto particolare, in cui erano ammessi tutti coloro che lo desideravano, senza limiti di età, e nella quale il sacerdote stimolò i suoi allievi a individuare i mali della scuola italiana, allo scopo di correggerli rendendola meno classista e più accessibile a tutti. Da questa esperienza nacque il libro *Lettera a una professoressa*, un vero atto d'accusa verso la scuola italiana, stampato da una piccola casa editrice fiorentina e destinato a diventare ben presto un best seller e un vero cult per gli studenti sessantottini. Il libro,

un opuscolo di poche pagine, è frutto del lavoro di revisione del sacerdote, che affidò il compito di scriverlo a otto suoi alunni con i quali aveva un costante confronto.
L'azione di don Milani, poi, non finì con la critica all'istituzione scolastica, ma investì anche altri ambiti sociali, con particolare riferimento a quelli caratterizzati dall'esistenza di gerarchie: l'esercito e la Chiesa. Per il primo quell'approccio critico fu determinante per la nascita e la crescita del movimento antimilitarista, da cui negli anni Settanta nascerà il movimento dei Proletari in Divisa. Per ciò che riguarda la Chiesa, invece, il dibattito venne suscitato dalla pubblicazione del saggio *L'obbedienza non è più una virtù*. Anche qui la denuncia tendeva a evidenziare come il messaggio ecclesiale fosse in quel momento inadeguato, e soprattutto come la Chiesa fosse al servizio del potere e incapace di denunciare le discriminazioni nei confronti degli umili.

La collina di Barberino del Mugello, dove ci sono la chiesa e la scuola di don Milani (ANSA).

Martin Luther King il 28 agosto 1963, durante la «Marcia su Washington» (ANSA).

Le strade di Parigi ingombrate dalle barricate costruite dai manifestanti. In Francia la rivolta studentesca fu subito appoggiata dal mondo operaio, e dette luogo all'occupazione di numerose importanti fabbriche, come la Renault (ANSA).

nedy e Martin Luther King, ma anche, sebbene in forma minore, Malcom X e padre Camilo Torres (tra l'altro, tutti personaggi destinati a morire tra il 1965 e il 1968, e tutti per mano assassina), furono importanti punti di riferimento. In effetti, nelle assemblee sessantottine soprattutto King e Guevara trovavano ampie citazioni perché rappresentanti, sebbene in forme e con metodi diversi, della ribellione al potere costituito. Il primo

Una manifestazione a Pisa (ANSA).

come ispiratore dei movimenti per i diritti degli afroamericani, il secondo come eroe perennemente sulle barricate per la difesa dei popoli oppressi a Cuba, in Africa e soprattutto in Sudamerica. La sua figura, poi, sarebbe diventata mitica dopo la morte, avvenuta per mano dell'esercito boliviano (e della CIA) il 9 ottobre 1967. Ad alimentare il suo mito avrebbe contribuito non poco anche la famosissima fotografia regalata dal fotografo cubano Alberto Korda a Giangiacomo Feltrinelli, che la utilizzò come copertina del suo diario (*Il diario del Che in Bolivia*), pubblicato proprio in quegli anni. La foto divenne una tra le immagini più riprodotte e diffuse del Novecento.
D'altronde, il vento che soffiava in quel momento era un vento di rivolta e proveniva dagli Stati Uniti, dove gli studenti di Yale e Harvard erano insorti sulla scia dei loro compagni di Berkeley, che avevano occupato l'università addirittura nel 1964. Ancora negli Stati Uniti stava crescendo in

Manifestazione universitaria a Roma (ANSA).

La polizia presidia la sede di Architettura a Valle Giulia (ANSA).

Gli scontri tra polizia e studenti a Valle Giulia (ANSA).

Una studentessa romana viene portata via di peso dalla facoltà (ANSA).

Un'altra studentessa romana viene allontana dall'università dalla polizia (ANSA/Alinari).

maniera esponenziale la protesta contro la guerra del Vietnam e i reduci, in grandi manifestazioni di fronte alla Casa Bianca, restituivano e rifiutavano le medaglie per meriti di guerra. In Africa e Sudamerica, allora accomunate nella definizione di «Terzo Mondo», si combattevano guerre d'indipendenza dagli ultimi relitti del colonialismo, mentre in Europa, Francia e Germania in testa, gli studenti erano in sollevazione contro i governi autoritari di De Gaulle e Kiesinger.

In Italia, dopo le esperienze di Pisa, Torino e Trento, il 28 febbraio insorsero gli studenti di Lettere dell'università di Roma che, durante una sessione d'esami nella facoltà occupata, tentarono d'imporre il diritto di discutere pubblicamente il voto. All'arrivo della polizia chiamata sul posto dal rettore D'Avack, gli occupanti abbandonarono le aule, ma due giorni dopo, allo scioglimento di un corteo che si sarebbe dovuto concludere con una nuova occupazione, si scatenò un violentissimo scontro con la polizia, che sarà il primo di una lunga serie di conflitti di questo genere. È l'episodio che, passato alla storia come «battaglia di Valle Giulia», rappresenterà un momento fondamentale di crescita del movimento sul piano politico e organizzativo e determinerà l'individuazione di nuove strategie di lotta e di confronto tra studenti e forze dell'ordine; contrastando le cariche della Celere, i manifestanti erano diventati parte attiva degli scontri e di lì in avanti questa sarebbe stata la regola.

A Torino, a dire il vero, qualche tentativo da parte dei vertici universitari di trovare un accordo con gli studenti venne fatto, ma fu del tutto vano. Sotto il titolo «Confusa assemblea all'Università», per esempio, *La Stampa* del 21 gennaio riportava la cronaca di una riunione tra studenti e presidi delle diverse facoltà, convocata dal rettore per vedere se era possibile comporre la vertenza. Dopo aver ricordato le parole d'apertura dello stesso rettore, lo sconsolato cronista scriveva:

> Le speranze sono cadute al primo intervento dello studente Viale. Ha illustrato le rivendicazioni del Movimento Studentesco, sottolineando che il potere dell'autorità accademica deve essere spezzato perché gli studenti sono in uno stato di soggezione.

Oltre a Viale, leader storico del movimento, erano poi citati gli interventi di altre figure di peso. Diceva per esempio Luigi Bobbio dell'UGI (Unione Goliardica Italiana, che faceva riferimento al PCI e al PSI), che il movimento degli studenti è forte, e perciò

> saranno accettate trattative soltanto se sarà rimosso il ricatto delle sanzioni disciplinari e riconosciuto il diritto di impedire il normale funzionamento dell'Università. (*La Stampa*, 21 gennaio 1968)

E il ruolo di leader, si capisce, non era scevro da rischi; ecco come il settimanale *l'Espresso* – che nella primavera di quell'anno stava cominciando a interessarsi del fenomeno – descrisse la scarcerazione dei principali esponenti del movimento, arrestati su mandato spiccato il 2 marzo precedente, con l'accusa di essere stati tra i responsabili dell'occupazione di palazzo Campana:

> Torino – Ed eccoli usciti dalle patrie prigioni, quel carcere delle Nuove legato per tanti nomi illustri alla storia delle lotte operaie: una nuova piccola schiera di scarcerati che l'università ha festeggiato con calore senza rinunciare a un po' d'ironia. Uscirono all'una del pomeriggio, alla spicciolata come erano andati a costituirsi: Vittorio Rieser con la barba lunga e i capelli devastati di un evaso dallo Spielberg, Guido Viale coi perenni occhiali sul naso e il perenne maglione color lavanda sotto l'impermeabile svolazzante, Carlo Donat Cattin roseo e lustro malgrado venisse dalla infermeria del carcere, Laura De Rossi in soprabito di velluto e stivali, un po' pallida, i capelli di solito così ben raccolti nella coda di cavallo che sfuggivano da tutte le parti. E tutti gli altri, Luigi Bobbio, Luciano Bosio, Alberto Friedman, Giuliano Mochi... dondolando borse e sacchi, tre o quattro alzando il braccio a salutare col pugno. Ai cancelli, dodici universitari che il procuratore della Repubblica aveva distinto fra tutti i responsabili delle agitazioni con un mandato di cattura, erano attesi dagli amici. Il fotografo eternò la carezza del pa-

Confusa assemblea all'Università

I professori investiti da attacchi personali - Aspre dichiarazioni di alcuni studenti: «Vogliamo che ci sia riconosciuto il diritto di impedire il funzionamento dei corsi»; «spetta a noi la chiamata degli insegnanti» - Ma da più parti si levano voci contro la violenza alle persone e alla libertà degli studi

Professori e studenti si sono riuniti in assemblea ieri mattina a Palazzo Campana per esaminare i problemi della riforma chiesta dal gruppo di giovani che da tre mesi organizzano agitazioni all'Università. Vi hanno partecipato 500 studenti ed una trentina di docenti nell'aula magna di legge. Ha presieduto il prof. Allara. Altri mille giovani hanno seguito la discussione attraverso gli altoparlanti nei corridoi. Doveva essere una prima serena discussione; alcuni studenti invece ne hanno approfittato per fare attacchi personali ai professori.

Il rettore aveva aperto i lavori auspicando « *un dibattito come inizio di una fase distensiva ed un ritorno alla normalità* ». Le speranze sono cadute al primo intervento dello studente Viale. Ha illustrato le rivendicazioni del movimento studentesco sottolineando che « *il potere dell'autorità accademica deve essere spezzato perché gli studenti sono in uno stato di soggezione* ». Il preside di magistero, prof. Quazza, ha detto di essere assertore di colloqui con l'assemblea degli studenti. Personalmente non accetta tutte le richieste, ma è « *convinto che l'Università ha bisogno di rinnovarsi* ». Ha chiesto la sospensione dei provvedimenti disciplinari.

Il preside di Lettere, prof. Gullini, ha rilevato come « *l'Università da scuola di élite sia diventata scuola di massa e la sua struttura sia scricchiolante* ». Riconosce che nell'ambito delle leggi attuali si possono eliminare i contrasti più stridenti. Ha proposto incontri tra docenti e studenti delle singole Facoltà. Il preside di Legge, prof: Grosso, ha affermato: « *La base dell'Università deve essere la ricerca scientifica. La ricerca ha bisogno di essere libera e indipendente da ogni potere politico. La posizione dei professori è la garanzia di questa indipendenza e difende anche la libertà degli studenti. Voi volete un potere di assemblea che è sempre un potere politico* ».

Il preside dell'Associazione assistenti, dott. Migone, ha rilevato la necessità di una riforma dello statuto universitario e metodi didattici con proposte di professori e studenti. Tutto questo però « *in una situazione di tregua* ». L'assistente Rieser ha chiamato i professori « *camaleonti, che cambiano colore a seconda delle convenienze* ». Chiede la revoca dei provvedimenti disciplinari e sottolinea che non si accetterà nessuna tregua perché ritiene che il movimento studentesco debba rimanere su una base di continua lotta.

Lo studente Luigi Bobbio dell'Ugi (sinistre) sostiene che il movimento degli studenti è forte. Perciò « *saranno accettate trattative solo se sarà rimosso il ricatto delle sanzioni disciplinari e riconosciuto il diritto di impedire il normale funzionamento dell'Università* ». Ha proseguito: « *Non ci interessano le dichiarazioni di solidarietà, ma vogliamo vedere le persone scendere in lotta accanto a noi. I professori restano nostri nemici fino a quando abbandoneranno la loro posizione di potere. Le "chiamate" dei professori alla cattedra e degli assistenti, dobbiamo farle noi perché crediamo di avere la stessa competenza per la scelta* ». Donat Cattin, dell'Intesa (cattolici), ha sostenuto che fermarsi ora vuol dire ritornare alle strutture autoritarie.

Rossi di Monteiera, del Viva Verdi (monarchici), ha rilevato che gli studenti non hanno ottenuto niente perché non si sono serviti dell'Interfacoltà e che l'agitazione permanente è antidemocratica. Il prof. Viola, matematica, spiega di aver collaborato con gli studenti per il rinnovamento della didattica, ma non è disposto a farsi « *rimorchiare* » da essi in una lotta sterile. Il dott. Cicala ha voluto sottolineare che parecchi assistenti respingono la violazione delle leggi ed il mancato rispetto della libertà altrui.

La riunione si è chiusa alle 13,30. Lunedì alle 10 gli studenti « verificheranno » i risultati della riunione con un'assemblea a Palazzo Campana.

La Stampa del 21 gennaio, con la notizia dell'assemblea universitaria (Archivio storico La Stampa).

> dre, canuto industriale, sulla guancia della figlia cinese, e l'abbraccio dei fidanzati Laura e Luigi, prossimi alle nozze, separati per undici giorni in bracci diversi del carcere. I ragazzi ridevano contenti della loro piccola aureola; due o tre genitori e zii erano seri e un po' commossi. (Fabrizio Dentice, «E adesso occupiamo le fabbriche», in l'*Espresso*, 7 aprile 1968)

In ogni caso, come sostenuto in apertura di capitolo, il 1968 fu l'anno in cui il movimento degli studenti e quello operaio trovarono i punti d'incontro che permisero loro di diventare forza politica. Al di là delle parole di Patrizia Presbitero riportate in apertura di capitolo, furono di sicuro anche altri i motivi per cui tutto ciò accadde. Tra questi l'insegnamento e il ricordo indelebile degli scontri di piazza Statuto del luglio 1962, che rappresentavano il primo vero scontro sociale del dopoguerra, la lotta per il rinnovo contrattuale che i lavoratori stavano sostenendo proprio in quell'anno e la semplice e banale constatazione che Torino era stata ed era ancora in quel momento la città più operaia d'Italia. Non solo: va anche detto che negli anni che precedettero il '68 la base di accesso all'istruzione si era allargata ed era diventata sempre più frequente, soprattutto all'università, la figura dello studente lavoratore, proveniente da famiglie proletarie o di piccola borghesia impiegatizia, che dopo aver trascorso la giornata in fabbrica frequentava i corsi serali, nel frattempo organizzati proprio per questo genere di utente. Di sicuro questa figura fu determinante nel veicolare tra gli studenti le istanze provenienti dal mondo del lavoro.
Esiste una data in cui le due forze interagirono in piazza per la prima volta: il 7 marzo. Quel giorno, infatti, migliaia di studenti si riunirono di fronte al Politecnico per una manifestazione in cui si voleva protestare per l'arresto di uno studente (Avanzini) avvenuto qualche giorno prima durante un'occupazione universitaria. Nonostante la pioggia, il corteo prese l'avvio in direzione delle carceri Nuove aperto da alcune file di studentesse. Giunti davanti al lugubre edificio carcerario, tra slogan e cori di protesta, i manifestanti effettuarono un lungo sit-in, quindi si procedette verso il centro. In piazza Castello i cordoni di polizia vennero superati grazie alla confusione creata da migliaia di persone che correvano in direzioni diverse, e ciò fu all'origine dei primi scontri, che si fecero assai duri attorno a palazzo Campana, che s'intendeva di nuovo occupare. Altri scontri ancora avvennero sotto la sede della *Stampa*, schierata su un fronte di decisa contrapposizione rispetto alla contestazione, per questo motivo soprannominata la *Busiarda* (la bugiarda). Peraltro è proprio lo stesso giornale a segnalare come la componente di quel corteo non fosse più soltanto studentesca:

> Studenti, assistenti, incaricati, alcuni professori confluiscono davanti al Politecnico. Arrivano anche decine di estranei, tra cui operai con la borsa del pranzo sottobraccio. (*La Stampa*, 8 marzo 1968)

La Stampa dell'8 marzo, con la notizia della manifestazione del giorno prima (Archivio storico La Stampa).

Venerdì 8 Marzo 1968 — LA STAMPA — Anno 102 Numero 58

CRONACA CITTADINA

L'agitazione indetta dai tre sindacati

[L]e percentuali degli scioperanti [al]la dimostrazione per le pensioni

Fiat la direzione dell'azienda segnala le seguenti percentuali: 51 per cento di assenti tra gli operai per cento di assenti tra gli impiegati - L'Unione Industriale comunica: su 120.897 lavoratori hanno [sciop]erato il 52 per cento degli operai e il 10 per cento degli impiegati - I sindacalisti: tra i metallurgici scioperanti sono stati dall'80 al 100 per cento - Duri picchettaggi agli ingressi della Fiat Mirafiori

Le agitazioni universitarie si trasferiscono sulle strade

Corteo di studenti nelle vie del centro si conclude con tafferugli e violenze

Cinquemila partecipanti, grida di «Ho Ci-min» e «Mao» - Dal Politecnico alle «Nuove»: qui, seduti in terra, scandiscono il nome dello studente arrestato per l'occupazione e i danni all'Università - Dimostrazione davanti alla Questura - Assalto respinto a Palazzo Campana - Scontro con la polizia nei pressi de «La Stampa»: due vetrine infrante con sassi - I dimostranti lanciano ombrelli, bottigliette, schegge di vetro, uova e arance fradice contro la forza pubblica, che reagisce con gli sfollagente: 16 feriti fra la polizia (compresi due vice questori), 8 tra i carabinieri, due fra i dimostranti - Decine di contusi tra le due parti - Sequestro di fionde, randelli e bastoni ferrati

Corso Vittorio: sotto la pioggia, il corteo degli studenti raggiunge le carceri per la dimostrazione di protesta

I contributi del Valle Susa

Il prof. Vecchietti chiamato alla cattedra di ginecologia

Drammatico risveglio in una casa di corso Monte Grappa

Si incendia la cabina dell'ascensore notte di terrore per sedici famiglie

Fiamme e fumo denso invadono gli otto piani dell'edificio - Inquilini si rifugiano sui balconi, altri rischiano di soffocare - In un alloggio, il calore fonde telefono, televisore e dischi - I pompieri lottano un'ora per domare l'incendio

TEMPERATURA DI IERI — MASSIMA + 4,3 — MINIMA + 1,5

Domenica offerta di mimosa per la giornata della donna

Televisori e radio rubati nella notte in un negozio

IN 4ª e 16ª PAGINA: Altre notizie della cronaca

Specchio dei tempi

Un'iniziativa: monumento che ricordi l'opera dei medici condotti - Anche la tv francese presenta il Circolo Pickwick (ma in forma diversa) - Ascende la sporcizia sulla Torino-Rivoli - Bergamo ha già battuto Ivrea - Un cane impassibile, ma era sordo e muto

[Au]menta il disagio per lo sciopero [de]gli addetti alla raccolta rifiuti

Una studentessa di 13 anni è colpita dalla meningite

Restituito ai genitori il ragazzo che aggredì una donna per strada

Tredici anni - A gennaio già era stato fermato per un clamoroso episodio: un suo amico legato e imbavagliato in casa - Il desolato racconto della nonna

Filippo La Marca, 13 anni

Giocano al Lotto pagando con le bollette vincenti

Migliaia di studenti manifestano in piazza (fondo Gazzetta del Popolo, su concessione dell’Archivio Storico della Città di Torino, tutti i diritti riservati).

LAN
GHI

Chi scrisse l'articolo non lo poteva sapere, ma quella visione romantica del *barachìn* – così era chiamato l'operaio, in associazione al barattolo d'alluminio utile a contenere e trasportare il pranzo, il *barachìn*, appunto – era presto destinata a lasciare il posto all'immagine molto più truce di uomini in tuta blu che sfilavano in corteo sorreggendo striscioni e urlando slogan nei megafoni. Fu proprio in questo periodo che molti studenti, soprattutto quelli legati a Vittorio Rieser, iniziarono a interessarsi al mondo operaio, elevando il «proletario» di marxiano insegnamento ad archetipo di tutti gli sfruttamenti prodotti dal capitalismo.

Nel giugno 1968 si giunse anche a far nascere la Lega studenti-operai, con l'intento di creare un luogo d'incontro tra i due soggetti che si riproponevano di lottare insieme contro lo sfruttamento capitalistico dentro e fuori la fabbrica. Ne fecero parte circa cento operai provenienti soprattutto dalla FIAT, ma anche dalla Nebiolo, dalla Lancia e dalla Pininfarina, uno sparuto gruppo di tecnici e impiegati e non più di cinquanta studenti che rappresentavano l'ala più operaista del movimento studentesco. Si pose sempre su posizioni alternative e molto critiche rispetto ai partiti ufficiali della sinistra (PCI e PSI) e la CGIL, ma anche rispetto al movimento studentesco stesso (si veda AA.VV., *1969-1977. Lotte operaie a Torino. L'esperienza dei Cub, Comitati Unitari di base*, Punto Rosso, Milano 2009). Era uno dei primi segnali di spaccatura interna che produssero poi, in quello stesso 1968, almeno a Torino, dei due maggiori raggruppamenti della sinistra extraparlamentare: Lotta Continua e Avanguardia Operaia.

Tra il gennaio e il febbraio di quello stesso anno, quasi tutte le facoltà si trovarono sotto occupazione e alcune, come per esempio Medicina, lo rimasero anche per quaranta giorni. Racconta Paolo Portaleone, farmacologo, tra i protagonisti di quei giorni:

Approfondimento

VITTORIO RIESER, BIOGRAFIA DI UN LEADER

Figlio di un ebreo polacco comunista di nome Henek e di Tina Pizzardo, Vittorio Rieser nacque a Torino il 15 febbraio 1939. La madre, prima dirigente piemontese comunista e poi azionista, proveniva da una famiglia molto religiosa e intrattenne nel suo passato relazioni amorose con Cesare Pavese (che in alcune lettere la definisce «la donna dalla voce roca») e Altiero Spinelli. Come molti intellettuali antifascisti del suo tempo, subì una condanna al carcere dal tribunale speciale. Allievo di Danilo Dolci e Rainero Panzieri, tra il 1963 e il 1966 Vittorio Rieser collaborò alla redazione della rivista *Quaderni Rossi*, dove si trattavano argomenti a sfondo politico e sociale legati al tema della lotta di classe in fabbrica e dell'or-

ganizzazione capitalistica del lavoro. In questa esperienza ebbe compagni come Massimo Cacciari, Toni Negri, Alberto Asor Rosa e Mario Tronti. Con la qualifica di sociologo del lavoro, tenne per breve tempo alcuni corsi universitari come assistente del sociologo Luciano Gallino. Chiusa l'esperienza universitaria a Torino, passò a insegnare in una scuola serale, per poter essere libero durante il giorno per animare le discussioni sui cancelli all'uscita dei turni di Mirafiori, e in seguito ebbe ancora una breve esperienza all'università di Modena. Oltre ciò, Rieser militò attivamente nel sindacato, all'IRES e in altre agenzie di studio delle problematiche del lavoro, fu autore di numerose inchieste sulle vecchie e nuove condizioni operaie e animatore di svariati dibattiti, con partner come Pizzorno, Momigliano, Gallino, Panzieri, Gambino e Maitan. Proprio negli anni della sua formazione, sull'onda della rivoluzione culturale cinese, Rieser scoprì le proposte contenute nel pensiero di Mao. Nel maoismo, più che nel leninismo, infatti, Rieser identificò l'unica possibile alternativa al modello socialdemocratico occidentale e allo stalinismo sovietico, nonché l'ideologia cui avrebbe dovuto aspirare, a suo avviso, la nuova classe politica in formazione a sinistra.

Tra i primi occupanti di palazzo Campana a Torino e per questo arrestato assieme ad altri undici studenti, nell'aprile 1968, insieme a Guido Viale, portò gli studenti davanti ai cancelli delle fabbriche, lavorando alla costruzione di un movimento trasversale capace di rappresentare un unico grande fronte di protesta. Leader della Lega studenti-operai, lavorò all'organizzazione dell'incontro nazionale delle assemblee dei comitati di base, che si tenne a Torino nel luglio 1969, ma all'atto del suo fallimento non si schierò né con Lotta Continua né con Potere Operaio, che nacquero in quel contesto. Fu invece cofondatore e leader di Avanguardia Operaia, forse il più serio tra i gruppi extraparlamentari, e in seguito anche di Democrazia Proletaria, nata in cartello con Lotta Continua in occasione delle elezioni politiche del 1976. Finita quell'esperienza, fece parte del PCI e infine del PRC bertinottiano, senza mai diventarne, pur avendo titoli e cultura necessari, il *líder máximo*. Fu anche autore di svariati studi e pubblicazioni, tra i quali *L'imperfetta modernizzazione. Una ricerca sui quadri FS in Piemonte* (con Giancarlo Cerruti, Ediesse, Roma 1995), *Lavorare a Melfi. Inchiesta operaia nella fabbrica integrata Fiat* (Calice, Roma 1997), *Salute, sicurezza e condizioni di lavoro. Una indagine tra le iscritte e gli inscritti della CGIL in Piemonte* (con Fulvio Perini, Ediesse, Roma 2004), *1969-1977. Lotte operaie a Torino* (Punto Rosso, Milano 2009).

Dopo alcuni anni di assenza dalla scena politica, Vittorio Rieser morì a Torino il 21 maggio 2014.

> In quella specificità, scomparsa nel nulla, che è stata la contestazione a Medicina, il sostegno finanziario per l'occupazione delle Molinette, che durò 42 giorni, è stato dato dai sindacati. Ci portavano l'acqua minerale, il pane, insomma, si preoccupavano di quelli che erano gli aspetti pratici, che però erano fondamentali. (Intervista con il professor Paolo Portaleone realizzata da Gian Vittorio Avondo, Torino, 10 ottobre 2017)

Il sindacato di lì a poco sarebbe diventato protagonista e punto di riferimento imprescindibile (soprattutto nel settore metalmeccanico con la FIM-CISL e FIOM-CGIL) nelle lotte contrattuali dell'autunno caldo, dove il sodalizio studenti-operai avrebbe avuto la sua consacrazione («Studenti e operai uniti nella lotta», recitavano gli slogan e gli striscioni in corteo).

Volantino per diffondere il giornale del movimento studentesco (fondo Buonfino, archivio Istituto piemontese per la storia della Resistenza e della società contemporanea).

Prima però si sarebbero ancora svolte numerose manifestazioni in cui operai e studenti avrebbero sfilato fianco a fianco; tra tutte, vanno ricordate quelle avvenute ad aprile in supporto agli scioperi contrattuali che si stavano svolgendo alla FIAT. L'11 aprile, davanti ai cancelli di Mirafiori, al termine di scontri tra dimostranti e polizia, vennero anche arrestati alcuni studenti. Ne dava conto *La Stampa*, che dopo essersi affannata a dimostrare che rispetto alle due astensioni del 30 marzo e del 6 aprile precedenti le adesioni erano calate, scriveva:

> Il pomeriggio nei pressi di Mirafiori è accaduto l'episodio più clamoroso. Alle 15.30, quando era trascorsa l'ora di ingresso degli operai e degli impiegati e l'azione di «picchettaggio» pareva esaurita, gruppi di teppisti, non certamente operai della FIAT, si sono abbandonati ad atti di violenza in C.so Unione Sovietica angolo C.so Traiano. La polizia colpita da una fitta sassaiola ha reagito con candelotti lacrimogeni. I dimostranti, dispersi, si sono riuniti più avanti in C.so Traiano. Con i materiali e i mattoni di un'impresa stradale che costruisce la fognatura, hanno cercato di erigere barricate. Polizia e carabinieri hanno reagito energicamente con cariche e ordigni lacrimogeni, uno dei quali ha colpito anche una camionetta della Brigata Alpina Taurinense, finita in mezzo al tumulto con 4 alpini. (*La Stampa*, 12 aprile 1968)

Il mattino di quello stesso giorno, ancora davanti ai cancelli di Mirafiori erano stati arrestati due studenti fermati durante il picchettaggio: il torinese Guido Viale, leader movimentista, e il milanese Sergio Restelli, destinato poi a diventare collaboratore del ministro socialista guardasigilli Claudio Martelli. L'arresto di Viale innescò un'altra ondata di proteste; infatti qualche giorno dopo, scriveva ancora *La Stampa*:

> Tremila studenti, parecchi giunti in pullman da Milano e dalla Toscana, hanno partecipato alla manifestazione indetta dal Movimento studentesco, per chiedere la scarcerazione dell'universitario Guido Viale, arrestato due settimane fa durante i disordini davanti a Mirafiori e per protestare contro la repressione poliziesca in Italia e in Europa. (*La Stampa*, 25 aprile 1968)

Formatosi davanti al Politecnico, il corteo procedeva inalberando cartelli con scritte che inneggiavano alla liberazione di Viale – «Viale prigioniero politico» – e contro la repressione – «Polizia uguale dittatura», ma giunto in corso San Maurizio, dove stava sorgendo il palazzo delle Facoltà umanistiche (quello che poi sarà conosciuto come Palazzo Nuovo),

Venerdì 12 Aprile 1968 — LA STAMPA — Anno 102 - Numero 88

CRONACA CITTADINA

…eri l'astensione di 24 ore indetta dai sindacati

…o sciopero alla Fiat

…zienda dichiara: «Erano presenti 41.369 operai (49,4 per cento) su 83.811 e 18.569 impiegati …,8 per cento) su 18.985» - I comunicati delle organizzazioni sindacali - Davanti alla Mirafiori, fi… il picchettaggio per il turno del pomeriggio, elementi estranei alla fabbrica si sono scatenati in atti di …pisuro - Alla sassaiola la polizia ha risposto con cariche e lancio di candelotti fumogeni - Undici fe… e contusi - Sei persone arrestate per violenza, tra cui due studenti, ventuna denunciate a piede libero

Vedere in quarta pagina

- In Corte d'Assise: uccise la sua bimba gettandola dal sesto piano; è pazza?
- In Tribunale il guarda…
- caccia che sparò al collega, uccidendolo.
- Vigile trascinato per dieci metri da un'automobile in fuga.

La scelta di Arcangelo

Definitivo addio alla sposa e ai figli, senza una parola di rimpianto - Ha preferito la giovane cognata - La moglie, rimasta sola, dice: «Non voglio vederlo mai più»

La moglie: «Arcangelo è impazzito per mia sorella»

Riunione a Palazzo Campana di studenti e sindacalisti

Formata una commissione mista di universitari e di operai

Anche se il tempo è incerto

È incominciato l'esodo per le vacanze pasquali

Ieri 10 mila partenze verso il Sud, 5 mila per la Riviera - Monito alla prudenza per chi viaggia in auto - Domenica tutti i negozi sono chiusi (salvo i fiorai); lunedì aperte solo panetterie e latterie (fino alle 13) - I riti in Duomo

Per chi ha bisogno di un medico o di un dentista

TEMPERATURA DI IERI
MASSIMA + 14
MINIMA + 5

Il duplice delitto di due anni fa a Moncalieri

Una donna istigò l'ex ferroviere a uccidere i fratelli negozianti

Li aveva truffati di un milione e mezzo - Il droghiere rivoleva i denari, andò a trovarlo e minacciò una denuncia - Il giorno dopo avvenne il crimine - L'amica del presunto assassino incriminata per concorso in omicidio: ha ascoltato l'accusa senza scomporsi

Maria Ramello, in carcere per truffa, con l'amico Franco Ariano, presunto omicida

Specchio dei tempi

Una risposta a «Tribuna elettorale» - Acqua potabile a Torino - Quando giunge l'ora di pagare sono sempre indecisi - Ricerca d'un buon avvocato (non ci pare così difficile) - Vuole corrispondere con le ragazze del mondo intero

Il laureato che spera invano

Spiegazione del Ministero per il ritardo nelle borse di studio

La campagna elettorale

Per la dc un dibattito a S. Giorgio, su problemi del Canavese, con l'on. Curti - Per il psu un comizio a Nichelino con Eugenio Scalfari

Le malattie infettive in marzo

Parecchie denunce per morbillo e varicella - In regresso la meningite cerebro-spinale

Quindicenne si spappola la milza per una caduta dalla bicicletta

Ieri a Venaria - Andava a cercare lavoro: ha sette fratelli e il padre disoccupato - Sottoposto a trasfusioni e ad un delicato intervento chirurgico - Grave

Vincenzo Fernandis

Morente una donna travolta da un'automobile che fugge

Domattina alle 4 si vedrà un'eclisse totale di Luna

La Stampa del 12 aprile, con la notizia della manifestazione del giorno prima (Archivio storico La Stampa).

gli studenti abbattono 10 metri di steccato, entrano in 500 nell'edificio. Alle 19 la polizia circonda il palazzo. All'interno l'assemblea degli studenti spiega: «Si tratta di un'occupazione simbolica, per dimostrare che l'università è nostra». (*Ibid.*)

La Stampa del 25 aprile, con la notizia della manifestazione che chiedeva anche la liberazione di Guido Viale (Archivio storico La Stampa).

2 Giovedì 25 Aprile 1968 LA STAMPA Anno 102 - Numero 99

CRONACA CITTADINA

A 23 anni dall'insurrezione popolare

Festa della Libertà

Ieri sera una grande fiaccolata per le vie del centro - Commemorazioni nelle scuole e negli stabilimenti - Oggi omaggio ai Caduti nel Sacrario della Resistenza - Le cerimonie nei comuni della provincia - Il sindaco, prof. Grosso, invita la cittadinanza a esporre la bandiera

La fiaccolata passa per via Cernaia diretta a piazza Cln dove avverrà il comizio

L'on. Pietro Nenni domani sarà a Torino

Sabato parlerà ai giovani Incontro con gli elettori nelle province piemontesi

Per solidarietà con il collega in carcere alle «Nuove»

Corteo di tremila studenti e occupazione simbolica del nuovo palazzo universitario

Ritratti di Mao, Ho Ci-min, bandiere vietcong - Traffico bloccato - L'improvvisa corsa alla sede delle Facoltà umanistiche: «L'università è nostra» - Ma alle 20,30 la manifestazione si scioglie

In corso Vittorio in testa al corteo degli studenti un gruppo di belle ragazze corre agitando bandiere e striscioni

Concluse le indagini sulla penosa vicenda di Settimo

In carcere la donna sciagurata che maltrattava la sua bambina

Abbrutita dall'alcool spendeva in vino il salario del marito - La bimba, 7 anni, fu ricoverata alla Clinica pediatrica: aveva il corpo coperto di lividi, cicatrici e bruciature - Ora è accolta in un istituto con il fratello

Rosaria Pagano e la figlia Giovina, di sette anni

Un sedicenne fugge di casa per non tagliarsi i capelli

A Testona scappa un altro ragazzo: ha quindici anni

Specchio dei tempi

La tomba di Leopardi sul colle che sempre gli fu caro - Impiegato statale terza categoria, 24 anni di servizio, stipendio mensile netto L. 119 mila - Permanente il disservizio postale - La bici oggi arriverà

IN 4ª PAGINA:
- Camion irrompe nel negozio di un barbiere.
- In Assise il processo per la rapina di via Baretti.
- Altre notizie di cronaca.

IN 18ª PAGINA:
- Un giovane si uccide a Mondovì con il gas dell'automobile.

Deciso: la nuova università sorgerà in valle Sauglio

I motivi della scelta - I collegamenti dalla città e da tutto il Piemonte alla zona designata

Richiesti dieci miliardi per finanziare l'Università

Sarà acquistata anche l'area del «casermone» di via Verdi

La madre assassina confessa

Al magistrato dice: «Marco, il secondo figlio, è mio; l'ho partorito in casa, da sola; non sapevo di dover denunciarlo allo stato civile» - Soltanto le infermiere dell'Ospedale Infantile ai funerali della bimba uccisa

Liberato il gerente del bar che occultava la refurtiva

Era stato arrestato sabato

Continuano le trattative per la vertenza della Fiat

FARMACIE APERTE OGGI

TEMPERATURA DI IERI	
MASSIMA	+ 20,6
MINIMA	+ 11,0

Nella stessa giornata, è ancora *La Stampa* a riferirne,

> all'Istituto di Chimica si erano svolti tafferugli tra studenti favorevoli e contrari allo svolgimento delle lezioni. A Scienze gli studenti si sono astenuti dalla frequenza in attesa della risposta del Senato Accademico alle loro richieste. Palazzo Campana è chiuso a tempo indeterminato, per decisione del Senato Accademico.

Quel drammatico '68 torinese si chiudeva con lo sciopero generale contro l'eccidio di Avola, in provincia di Siracusa, dove, nel corso di un'astensione generale dal lavoro, i reparti celeri avevano caricato una manifestazione di studenti e braccianti agricoli, sparando proiettili da guerra e uccidendo due braccianti: Giuseppe Scibilia, di Avola (48 anni), e Angelo Sigona, di Cassibile (27 anni). Rimasero feriti, e in modo non lieve, due altri avolesi. Erano i primi morti di quella stagione di proteste infinite e la vicenda diede origine a sollevazioni spontanee nelle fabbriche e nelle scuole.
CGIL e CISL proclamarono subito uno sciopero di mezz'ora per il 4 dicembre, mentre nella stessa giornata fu indetto dal movimento studente-

La manifestazione di Avola (ANSA).

Un'altra immagine della manifestazione di Avola (ANSA).

La tragica conclusione della manifestazione di Avola (ANSA).

sco uno sciopero negli istituti superiori e all'università. La manifestazione rappresentò l'ennesima occasione per rinsaldare la *liaison* che già si era stabilita tra il mondo dell'istruzione e quello del lavoro.
Il corteo, dapprima studentesco e formato da oltre duemila partecipanti, vide unirsi ben presto la componente operaia e, quando giunse di fronte ai cancelli della FIAT Grandi Motori, li sfondò con violenza. Scriveva *La Stampa*:

> 400 manifestanti entrano nello stabilimento e raggiungono un reparto dove vengono costruiti i motori navali. Interviene il vice-questore dr. Mastronardi, cui gli studenti chiedono di poter aprire il dialogo con gli operai. Il permesso è accordato, il tempo mezz'ora. Prende la parola un giovane dimostrante che sottolinea la necessità che studenti ed operai si trovino uniti a fianco a fianco per la riforma della società. Risponde un operaio della FIAT: «Conosciamo i vostri problemi e siamo solidali con voi». (*La Stampa*, 5 dicembre 1968)

2 Giovedì 5 Dicembre 1968 LA STAMPA Anno 102 Numero

CRONACA CITTADINA

Ordinata manifestazione da piazza Castello alla periferia

Un corteo di duemila studenti per i luttuosi fatti di Sicilia

Ingorghi del traffico, ma nessun incidente - Giunti in barriera di Milano i dimostranti sostano alla Fiat Grandi Motori e tengono un'assemblea con gli operai - Sciopero in alcune scuole

Astensione di mezz'ora dal lavoro nelle fabbriche e negli uffici

Il difficile mestiere di moglie

Meno di cento chioschi (su 685) aperti in città

La serrata dei benzinai continua Aumenta il disagio dei cittadini

Scarse speranze che la clamorosa protesta abbia termine oggi - La prefettura convoca le parti per stamane, ma le società petrolifere attendono l'esito dei colloqui fissati per lunedì a Roma

Distributori aperti

Tariffe delle auto pubbliche

Ladro sorpreso nell'alloggio ferì il derubato per fuggire

Secondo interrogatorio del Vottero sulla notte trascorsa a Saint-Vincent

Mancano tre ore al suo alibi per il delitto della Pellerina - La padrona dell'albergo: «Non gli ho dato alloggio» - Il giovane rappresentante chiede un confronto

TEMPERATURA DI IERI	
MASSIMA	+1,6
MINIMA	−2,9

Mortale incidente in un cantiere edile di borgo San Paolo

Operaio decapitato a 20 metri d'altezza sul traliccio di una gru che si sfascia

Trentun anni, padre di quattro bimbi - Il contrappeso del braccio è ricaduto come un maglio sull'incastellatura - Fiamme ossidriche sulla scala aerea per liberare il cadavere imprigionato nel groviglio metallico

Il corpo dell'operaio morto è calato dalla gru nella nebbia della sera - La vedova: è rimasta sola con 4 bimbi

È confermata la sentenza per l'uccisore dell'amante

Specchio dei tempi

Il divorzio, problema di libertà individuale - Educazione e figli: il padre del maoista si consoli, c'è chi lo invidia - Scientifico è peggio? - Appello di un siciliano emigrato a Heiningen - Vecchia Juventus, meno «movimiento» e più gioco

Fa causa all'Istituto per l'infanzia che non le restituisce la sua bimba

La giovane donna lavora in un locale notturno - Aveva affidato la figlia di due anni e mezzo all'Ente in un momento di depressione

Nella Castellino: «Voglio riavere la mia bambina»

Per 24 ore servizio dei treni da Torino

La Stampa del 5 dicembre 1968, con la notizia della manifestazione di solidarietà per l'eccidio di Avola (Archivio storico La Stampa).

Approfondimento
UN '68 IN MUSICA

Un ruolo fondamentale nella diffusione del messaggio sessantottino e nell'elaborazione della sua valenza culturale lo ebbe la musica. Fin dalle origini del movimento di protesta, infatti, come d'altronde era accaduto in altri momenti della storia e in particolare per la Grande Guerra e la Resistenza, si cercò da subito di fissare in un testo gli accadimenti più significativi, rivestendoli con motivi musicali per lo più semplici, immediati, facili da imparare e accompagnare con la

Ivan Della Mea, tra i fondatori del Nuovo Canzoniere Italiano (ANSA).

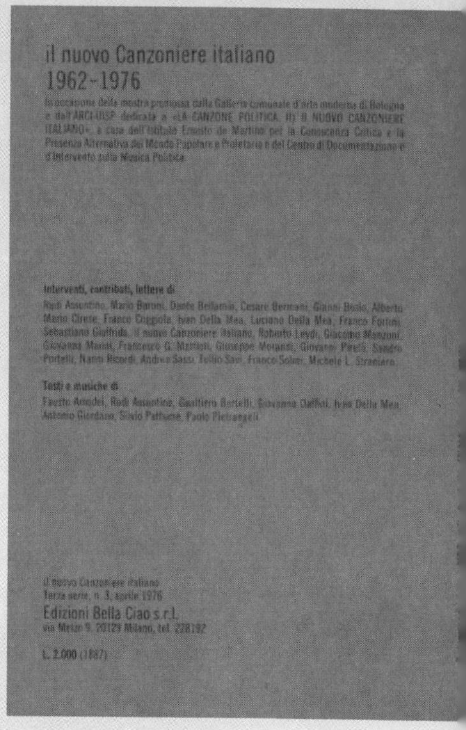
il nuovo Canzoniere italiano
1962-1976

In occasione della mostra promossa dalla Galleria comunale d'arte moderna di Bologna e dall'ARCI-UISP dedicata a «LA CANZONE POLITICA. II) Il NUOVO CANZONIERE ITALIANO», a cura dell'Istituto Ernesto de Martino per la Conoscenza Critica e la Presenza Alternativa del Mondo Popolare e Proletario e del Centro di Documentazione e d'Intervento sulla Musica Politica

Interventi, contributi, lettere di

Rudi Assuntino, Mario Baroni, Dante Bellamio, Cesare Bermani, Gianni Bosio, Alberto Mario Cirese, Franco Coggiola, Ivan Della Mea, Luciano Della Mea, Franco Fortini, Sebastiano Giuffrida, il nuovo Canzoniere italiano, Roberto Leydi, Giacomo Manzoni, Giovanna Marini, Francesco G. Mattioli, Giuseppe Morandi, Giovanni Pirelli, Sandro Portelli, Nanni Ricordi, Andrea Sassi, Tullio Savi, Franco Solmi, Michele L. Straniero.

Testi e musiche di

Fausto Amodei, Rudi Assuntino, Gualtiero Bertelli, Giovanna Daffini, Ivan Della Mea, Antonio Giordano, Silvio Pattume, Paolo Pietrangeli

il nuovo Canzoniere italiano
Terza serie, n. 3, aprile 1976
Edizioni Bella Ciao s.r.l.
via Meizo 9, 20129 Milano, tel. 228192

L. 2.000 (1887)

chitarra, strumento che proprio in quegli anni, grazie anche alla fama di gruppi musicali come Beatles, Rolling Stones e Doors o di folk singer come Bob Dylan e Donovan, era immancabile in ogni gruppo di giovani. S'incaricarono di svolgere quest'opera intellettuali, alcuni dei quali già attivi sul fronte del dissenso fin dai primissimi anni Sessanta, che diedero vita a gruppi musicali divenuti ben presto protagonisti di concerti organizzati nelle principali città del Paese e spesso anche nei centri minori. Tra tutti ebbe un ruolo assai significativo il gruppo Nuovo Canzoniere Italiano, nato a Milano proprio nel 1962, che diede vita a spettacoli musicali in cui in un primo tempo proponeva vecchie canzoni di lotta, con l'intento di evitare cadessero nell'oblio: *Bella ciao, Addio Lugano bella, Sciur padrun da li beli braghi bianchi, Maremma amara*. Nel 1963, al gruppo dei fondatori si aggiunsero alcune figure di spicco che non erano semplici musicisti, ma anche e soprattutto studiosi di etnomusicologia; costoro diedero un impulso fondamentale alla ricerca e alla produzione di nuovi brani: Fausto Amodei e Michele Straniero, provenienti dall'esperienza dei Cantacronache a Torino, ma anche Ivan Della Mea, Sergio Lodi, Giovanna Daffini e altri ancora. Tra il 1964 e il 1967, il gruppo accolse nuovi componenti e divenne una vera agenzia di documentazione e riproposizione di canti popolari e di lotta. L'esplosione della protesta del '68, dunque, non lo colse impreparato; ricorda Cesare Bermani, anch'egli componente del gruppo:

> Gli spettacoli del NCI sono soprattutto importanti come anticipatori del '68 mentre il Nuovo canzoniere si trasforma di fatto, nel 1968-69, soprattutto in strumento di documentazione del movimento reale. E per meglio documentare quanto avveniva, ciascuno di noi si dedicava alla pratica dell'obiettivo, partecipando all'occupazione di fabbriche, università, istituzioni totali. (Cesare Bermani, *Una storia cantata. 1962-1997. Trentacinque anni di attività del Nuovo Canzoniere Italiano*, Jaca Book, Milano 1997, p. 148)

Seguendo l'esempio del NCI, sorsero a ridosso del '68 molti altri gruppi, che ne seguirono le orme sia sul piano della ricerca sia su quello dell'esecuzione. Tra questi il Canzoniere del Lazio, il Canzoniere Pisano, il Canzoniere Internazionale e il Canzoniere di Rimini. Proprio quest'ultimo gruppo compose musica e parole della canzone dedicata ai fatti di Avola del 2 dicembre 1968.

Canzoniere di Rimini
Avola, 2 dicembre 1968

Due dicembre, giorno bianco
per la gente in ufficio
e che si vede passare
solite carte e fatture.
Due dicembre, giorno bianco
per mia madre in cucina,
che cantando prepara
il pranzo e la cena.

Due dicembre, giorno nero
per la gente che è stanca
e che scende nelle strade
perché vuole un po' di pane.
Due dicembre, giorno nero,
da finire al cimitero,
da finirci, assassinati
da quei servi mal pagati.

Ma si sa, si sa che,
ma si sa, si sa che
loro vengon coi fucili,
loro vengono coi mitra,
loro vengono in cento,
mai che siano da soli.
Loro vengon coi fucili,
loro vengono coi mitra,
loro vengono in cento,
mai che siano da soli.

Due dicembre, giorno bianco
per mio padre, che è sereno:
oramai è assicurato,
ogni mese paga lo Stato.
Due dicembre, giorno bianco
per la gente che è tranquilla
e che approva con la testa
quello che scrive la stampa.

Due dicembre, giorno nero
per chi cerca una risposta,
per chi agisce e più non parla
e si difende come può.
Due dicembre, giorno nero
per chi chiede un aumento
e la risposta è solo una,
la risposta è di violenza.

Due dicembre, giorno nero,
da finire al cimitero,
da finirci, assassinati
da quei servi mal pagati.

Ma si sa, si sa che,
ma si sa, si sa che
loro vengon coi fucili,
loro vengono coi mitra,
loro vengono in cento,
mai che siano da soli.
Loro vengon coi fucili,
loro vengono coi mitra,
loro vengono in cento,
mai che siano da soli.

Approfondimento
SAN LAZZARO DI PINEROLO, UNA PARROCCHIA DI FRONTIERA

La chiesa di San Lazzaro alla periferia di Pinerolo. Nel '68 fu sede di una significativa esperienza di rinnovamento ecclesiastico e politico.

Per quanto espressione della provincia più profonda, Pinerolo vide l'esplosione dei moti sessantottini sin dal primo momento in cui questi iniziarono a serpeggiare per il Paese. A quei tempi Pinerolo rappresentava un'importante realtà industriale, con un centro studi in piena espansione, posta al centro di un ampio bacino di utenza che raccoglieva molti comuni medio-piccoli dislocati lungo le tre vallate alpine che gravitavano sulla città e sull'ampia pianura posta a sudest. Non molto viva a livello culturale, ma reduce da un'importante esperienza resistenziale (nelle tre vallate combatterono altrettante formazioni partigiane appartenenti a realtà ideologiche diverse: azionista, comunista e autonoma), Pinerolo era diventata nel primo squarcio di dopoguerra un inespugnabile feudo democristiano, anche perché insediamento religioso di primaria importanza: era sede di una diocesi bicentenaria, di cui erano parte un frequentatissimo seminario, due conventi femminili (di cui uno di clausura),

Don Giorgio Accastelli (1932-1991), parroco di San Lazzaro e protagonista del dibattito culturale e politico della città di fine anni Sessanta.

Il primo numero del periodico *25ª ora*.

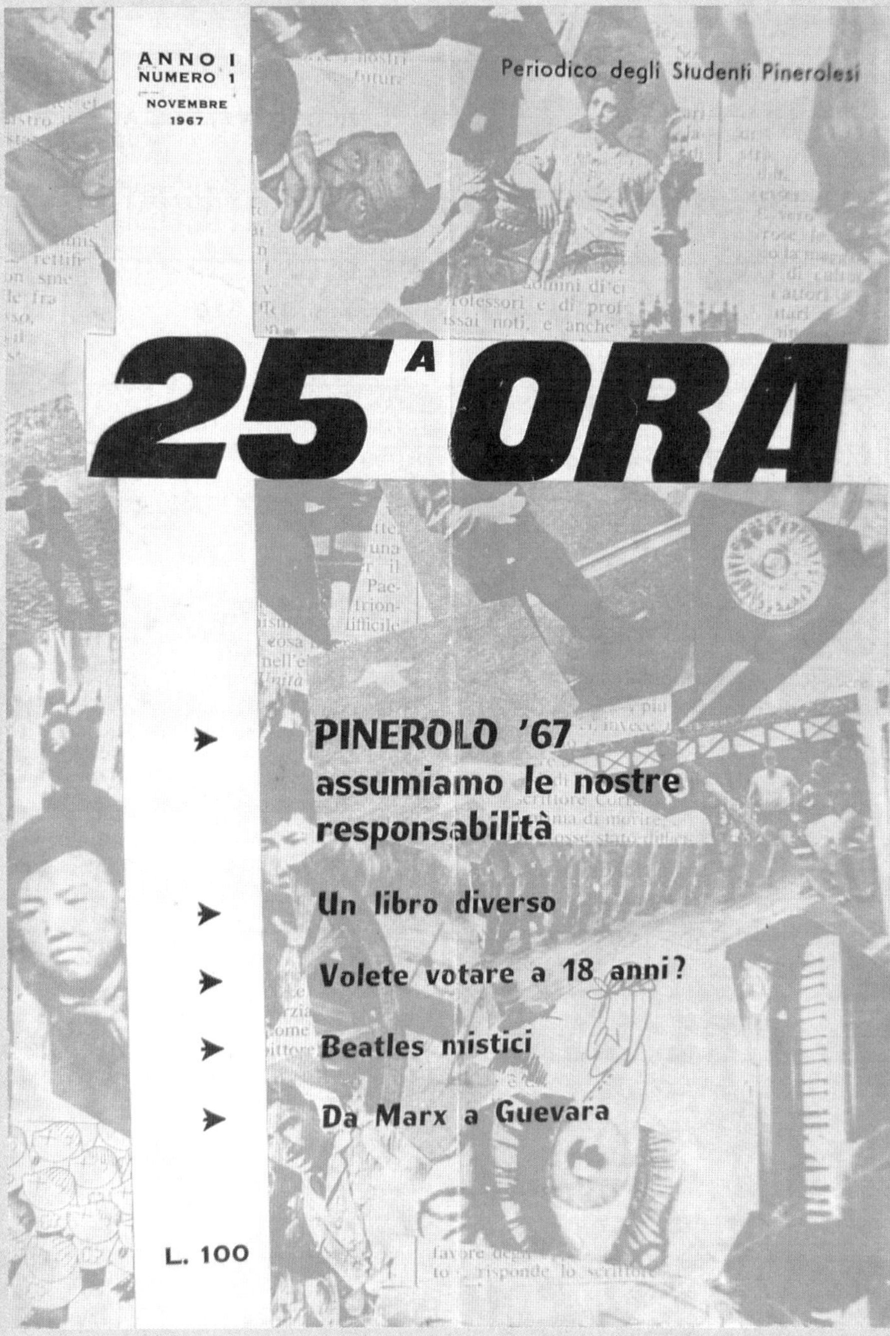

altrettanti maschili e numerose parrocchie. I centri di associazione cattolica e la forte presenza sul territorio di istituti scolastici di grado superiore (licei classico e scientifico, istituti tecnici e professionali di vario genere) rappresentarono il substrato ideale su cui cominciarono a germogliare i semi della contestazione, stimolati nello sviluppo dalle istanze di rinnovamento che scuotevano le diverse realtà politiche e sociali di quei tempi: il dibattito postconciliare che stava investendo la Chiesa, i fermenti sindacali nel mondo del lavoro, lo sbilanciamento a sinistra dell'asse politico nazionale.
E non si trattava solo di questo: venti di cambiamento provenivano anche da est, come la primavera di Praga che, per quanto stroncata sul nascere, aveva reso evidente che la tracotanza sovietica non era più così solida come dodici anni prima in Ungheria, dove si era verificato un analogo tentativo di affrancamento.
Proprio perché presidio ecclesiale di prima grandezza, dunque, nella città subalpina le spinte sessantottine iniziarono a registrarsi in ambito religioso: alcuni sacerdoti che avevano relazioni a titoli diversi (scuola, oratorio) con il mondo giovanile divennero punto di riferimento, in quanto propositori di nuovi valori e nuove idee, non sempre in linea con il pensiero corrente del tempo. La protesta a Pinerolo maturò dunque nel mondo dell'associazionismo cattolico per l'azione di alcuni studenti universitari e di scuola superiore che in questo contesto avevano ruoli di spicco. Fondarono il Movimento Studenti Cattolici di cui fu espressione il periodico *25ª ora* che, per quanto pubblicato per breve tempo, trovò larga diffusione in ambito locale. Il luogo in cui il movimento trovò maggior radicamento, prima della sua inevitabile laicizzazione – avvenuta però a partire dagli esordi degli anni Settanta – fu senz'altro la parrocchia di San Lazzaro, alla periferia est di Pinerolo, molto frequentata da immigrati provenienti dal Sud e affidata ad alcuni giovani sacerdoti che rappresentavano in quel momento la voce critica della comunità religiosa pinerolese: Franco Barbero, Giorgio Accastelli e, un po' più tardi, Mario e Angelo Polastro.
Cortei studenteschi a parte, la prima grande prova di piazza del neonato movimento avvenne il 19 novembre 1969, quando, nell'ambito di uno sciopero nazionale dei metalmeccanici, si svolse un partecipato corteo che culminò alle officine RIV-SKF, collocate proprio nel quartiere di San Lazzaro. Si stava vivendo il cosiddetto «autunno caldo», iniziato con la lotta per il rinnovo contrattuale: le richieste di lavoratori e sindacati andavano al di là delle semplici questioni economiche, investendo il campo dei diritti dei lavoratori e della democrazia in fabbrica. Quel giorno, una massa cospicua di lavoratori, cui si erano uniti studenti e cittadini, dopo un comizio in piazza Vittorio Veneto (piazza Fontana per i pinerolesi) mosse verso la sede dello stabilimento in corso Torino, occupandone i locali per alcune ore. In quel frangente avvennero per la prima volta piccoli tafferugli tra manifestanti e carabinieri in servizio d'ordine. Alcuni scioperanti particolarmente agitati, infatti, avevano lanciato sassi contro i pullman su cui la dirigenza aziendale aveva fatto salire gli operai e gli impiegati che si erano recati al lavoro sfidando i picchetti. Alla manifestazione e al picchettaggio che l'aveva preceduta – non certo alla sassaiola – avevano partecipato anche don Giorgio Accastelli e don Franco

PINEROLO: L'ANARCHIA IN SACRESTIA

PRIMA PUNTATA

Il *Candido*, settimanale della destra che criticò l'operato della parrocchia di San Lazzaro.

Barbero, animatori della comunità di San Lazzaro, in quel momento nell'occhio del ciclone per alcune posizioni prese in merito ai grandi temi politici e sociali che caratterizzavano il dibattito di quegli anni. Ricorda Franco Barbero:

> Il comandante dei Carabinieri venne da noi preti per chiederci, con molta gentilezza, di convincere i partecipanti all'occupazione a uscire dai locali. Era convinto che ci avrebbero ascoltato e quindi ce lo chiedeva. Noi rispondemmo che avremmo deciso il da farsi collegialmente con gli altri occupanti e rimanemmo lì. Naturalmente non fu commessa alcuna violenza e l'occupazione fu tolta dopo poco tempo.

A seguito della manifestazione, tuttavia, 32 persone furono denunciate per «occupazione di area privata» e «interruzione del lavoro delle maestranze» e furono invitate a comparire davanti al procuratore della Repubblica il 13 dicembre. Tra queste i due preti di San Lazzaro, che ricevettero la solidarietà di alcuni sacerdoti della diocesi: Agostino Vera, Luigi Moine e Severino Bessone.

Lo sciopero generale di quel lontano novembre non fu solo memorabile per l'intervento dei carabinieri in una pubblica manifestazione di piazza, cosa che a Pinerolo era avvenuta – sino a quel momento – soltanto in occasione del comizio di Tullio Abelli (MSI) nel maggio del 1964. Fu soprattutto importante per la *liaison* che, proprio in quell'occasione, si venne a stabilire tra i movimenti operaio e studentesco pinerolesi. Da quel momento, e per tutti gli anni Settanta, divennero consueti i picchettaggi misti davanti ai cancelli delle fabbriche, così

come la partecipazione, per quanto a titolo individuale, di lavoratori metalmeccanici a scioperi e cortei di studenti.
Ma queste non furono le uniche occasioni di solidarietà. Ancora alla parrocchia di San Lazzaro, proprio a partire da quell'anno, iniziò un'esperienza di accoglienza nei confronti di lavoratori provenienti dal Sud. Ricorda ancora Franco Barbero:

> Proprio in quel periodo, con don Giorgio, decidemmo di rinunciare a parte del nostro spazio abitativo per lasciare posto ad alcuni operai meridionali che non avevano ancora trovato alloggio a Pinerolo. Attrezzammo quindi i locali della parrocchia posti al piano terra e sistemammo letti e una piccola cucina. Fu un'esperienza umana molto forte. Soprattutto don Giorgio Accastelli dedicò agli ospiti moltissimo tempo, fornendo loro un'assistenza continua. Eravamo diventati punti di riferimento: ci parlavano dei loro problemi, salivano da noi per telefonare a casa e ci raccontavano tutte le novità, buone e cattive.

S'iniziò a prestare attenzione anche ad altre categorie di esclusi, come i rom. Furono queste iniziative coraggiose – e non a tutti gradite – che fecero di San Lazzaro una parrocchia «di frontiera», la cui fama varcò i confini della città e della regione in cui operava. Una comunità in un certo senso assimilabile a quella originatasi in quegli stessi anni a Firenze, nel quartiere dell'Isolotto, dove don Enzo Mazzi, che reggeva la locale parrocchia della Beata Maria Vergine Madre delle Grazie, stava portando avanti un'insolita esperienza di rinnovamento sociale e religioso. Una comunità, infine, in permanente confronto con tutte quelle esperienze e quei sacerdoti che si stavano proponendo come figure di rilievo sotto il profilo sociale e non solo religioso: don Lorenzo Milani e la scuola di Barbiana; Enzo Bianchi che, dopo tre anni di romitaggio in una cascina del Biellese, fondava proprio nel 1968 la comunità monastica di Bose; padre Balducci con il suo «cenacolo» e la rivista *Testimonianze*; don Bruno Borghi, che sul modello del preti operai francesi aveva scelto la via della fabbrica (la Gover, dove si producevano pneumatici), diventando testimone diretto del lavoro operaio.
Questo spiega l'interesse che il settimanale neofascista *Il Candido* dedicò per alcune settimane alla parrocchia pinerolese a partire dai primi mesi del 1970. Articoli diffamatori e faziosi, che valsero ai sacerdoti pinerolesi la solidarietà di molti enti religiosi, non solo cattolici, italiani e stranieri. Alla stessa mano, con tutta probabilità, può essere attribuita la bomba che esplose vicino all'ingresso della casa parrocchiale nel marzo 1973. Un tentativo d'intimidazione contro sacerdoti che soltanto due anni prima, in occasione del 4 novembre, avevano avuto il coraggio di denunciare in un volantino gli orrori della guerra: atto per quei tempi non così scontato, tanto che furono rimandati a giudizio presso il tribunale di Torino. Un processo da cui uscirono assolti, che vide la mobilitazione di intellettuali e uomini di chiesa – tra cui Guido Quazza e Giorgio Rochat, autorevoli docenti universitari, ed Enzo Bianchi – a sostegno della causa antimilitarista.

Il volantino distribuito in occasione del 4 novembre 1969, che costò denuncia e processo ai sacerdoti di San Lazzaro.

4 NOVEMBRE

Per onorare i morti non più guerre né padroni

[illegible] AUTORITA' MILITARI, R[illegible]IGIOS[illegible] CIVILI [illegible]
[illegible] DI [illegible].

PER LE MASSE POPOLARIE' UN GIORNO DI LUTTO.
Il popolo non voleva quella guerra. Molti soldati si ribellarono al macello:

<u>340.000 FURONO GIUDICATI DAI TRIBUNALI MILITARI!</u>

L' entrata in guerra fu decisa soprattutto dagli interessi della grande industria: forzando la stessa maggioranza del Parlamento, si impedì di concludere le trattative con l'Austria che avrebbero portato all' annessione pacifica di Trento e Trieste.

<u>600.000 ITALIANI SONO MORTI: FU UN' "INUTILE STRAGE"!</u>

Dicono che sono morti per la "patria": è vero, la "patria"di chi ha sempre oppresso i lavoratori sfruttati nei campi e nelle fabbri=che.
I lavoratori di tutto il mondo non hanno che una patria: il mondo intero.
Gli eserciti non sono al servizio del popolo, ma dei padroni.
Gli eserciti servono per la repressione delle lotte popolari, come arma di ricatto politico, come scuola di falsi valori, a difesa della proprietà e degli interessi di chi è al potere.
RIFIUTIAMOCI DI SOSTENERE GLI ESERCITI!
NON COOPERIAMO NELLE INDUSTRIE BELLICHE!
NE' UN UOMO, NE' UN SOLDO PER LA GUERRA!

<u>N O A T U T T I G L I E S E R C I T I !</u>

Movimento anti militarista internazionale

"Beati coloro che costruiscono la pace perchè saranno chiamati figli di Dio." (Vang. di Matt. 5,9.)

Diffusione a cura dei gruppi Bibblici e dei preti della comunità.

San Lazzaro - Pinerolo
Cicl. in proprio 1-11-1971.

Assemblea FIAT nel 1969 (da *www.mirafiori-accordielotte.org*).

6. OLTRE IL '68

Che il movimento originatosi nel 1967 con le occupazioni di Pisa e di palazzo Campana a Torino non dovesse rimanere confinato alle originarie rivendicazioni studentesche, ma subire una profonda e radicale estensione, era un fatto evidente. Come abbiamo documentato, fin dai primi mesi del 1968 figure come Vittorio Rieser, Luigi Bobbio e Guido Viale cominciarono a far convergere l'interesse delle masse studentesche sulle problematiche legate al mondo operaio: la vivibilità in fabbrica, la monetizzazione del lavoro, i diritti dei lavoratori, i salari.
Questo scatto in avanti provocò una prima spaccatura tra l'ala che venne ben presto definita «operaista» e quella «movimentista», rimasta legata soprattutto alle tematiche dell'istruzione, del mondo della scuola e dell'università e la lotta contro lo strapotere dei «baroni», quelli che Marco Tullio Giordana, nel film *La meglio gioventù*, identifica con i «dinosauri».
Con la deriva operaista apparvero subito chiare alcune contraddizioni che la protesta sessantottina incarnava: da una parte, molto spesso gli esponenti dell'ala più dura e integralista, ovvero quella legata al mondo della fabbrica, appartenevano a categorie sociali superiori a quelle per cui lottavano. Per contro, emergeva la figura dello studente-operaio, di solito proveniente da famiglie di condizione proletaria (come allora si amava definire i meno abbienti), ma proteso nello sforzo di migliorare il proprio stato sociale, approdando, grazie agli studi, a una condizione borghese, ovvero diventando proprio il vituperato «nemico di classe».
Guardando in retrospettiva, il problema è che molti non avevano capito la celebre citazione di Mao Tse-Tung:

> La rivoluzione non è un pranzo di gala; non è un'opera letteraria, un disegno, un ricamo; non la si può fare con altrettanta eleganza, tranquillità e delicatezza, o con altrettanta dolcezza, gentilezza, cortesia, riguardo e magnanimità. La rivoluzione è un'insurrezione, un atto di violenza con il quale una classe ne rovescia un'altra.

Senza nulla voler togliere al movimento sessantottino, che ha avuto di sicuro alcuni meriti, non ultimo aver contribuito a modernizzare un Paese vecchio e immobile, per molti, al contrario, il gioco era assai piacevole, perché investiva ambiti diversi: certo la lotta e il dibattito politico, ma anche la solidarietà, l'amicizia, l'amore, la qualità della vita.
In meno di un anno, tuttavia, quello stato di cose finì all'improvviso: anche sui gruppi della sinistra extraparlamentare venne infatti a gravare l'accu-

L'autunno caldo in via Roma (da *www.mirafiori-accordielotte.org*).

sa di terrorismo rivolta al movimento anarchico. Il 12 dicembre 1969, a Milano, alla Banca Nazionale dell'Agricoltura, tra i clienti in coda agli sportelli esplose una bomba che provocò 17 morti (13 sul colpo) e 87 feriti. (In realtà, le bombe quel giorno in realtà furono cinque. Oltre quella della banca, infatti, in quel tragico pomeriggio ne fu rinvenuta una inesplosa in piazza della Scala a Milano, mentre le altre esplosero a Roma in un sottopasso di via Veneto, all'altare della Patria e ancora in piazza Venezia, davanti l'ingresso del Museo del Risorgimento. Il bilancio complessivo di questa seconda ondata di attentati fu di 16 feriti.)
In un primo tempo, dell'attentato fu accusato Giuseppe Pinelli: ferroviere di 41 anni, ex partigiano e anarchico del circolo Ponte della Ghisolfa. Condotto in questura, Pinelli precipitò in condizioni assai misteriose dal quarto piano dell'edificio in cui si stava tenendo il suo interrogatorio. In seguito, su testimonianza del tassista Cornelio Rolandi, che affermò di averlo condotto in piazza Fontana poco prima dell'esplosione, fu arrestato Pietro

Il salone della Banca Nazionale dell'Agricoltura in piazza Fontana dopo l'attentato (ANSA).

Un'ambulanza si fa strada tra la folla accorsa all'esterno della Banca Nazionale dell'Agricoltura dopo l'attentato (ANSA).

Valpreda, 36 anni, anche lui anarchico. La testimonianza di Rolandi, in realtà, fu molto più dettagliata e suggestiva, poiché tenne a precisare che Valpreda sarebbe salito sulla sua auto con una ventiquattrore e, dopo esserne sceso, sarebbe ritornato sul taxi a mani vuote.
L’accusa costò a Valpreda tre anni di carcere, prima di essere liberato per decorrenza dei termini di detenzione, quando ormai appariva chiaro che la regia della strage era da cercare a destra più che a sinistra.
Va da sé che l’attentato, che faceva parte di una strategia stragista che di lì in avanti si ripeterà in svariate occasioni, fu la linea di demarcazione capace di

Il giudice istruttore Gerardo D’ambrosio (di spalle) insieme ad alcuni periti, durante il sopralluogo per la morte di Pinelli. Il cadavere del ferroviere giace ancora per terra (ANSA).

porre sotto una luce diversa il movimento studentesco e le derivazioni che nel frattempo si erano originate.
Sulla bomba di piazza Fontana, la casa editrice romana Samonà e Savelli (la prima dichiaratamente schierata con la sinistra extraparlamentare) pubblicò il libro *La strage di Stato. Controinchiesta* (1970), in cui in maniera più o meno aperta si accusavano settori del governo di essere responsabili della strategia stragista. Fu la fine della componente romantica e sotto certi aspetti folkloristica che fin lì aveva caratterizzato le lotte studentesche e operaie. Inoltre, la strage giungeva alla fine di un periodo assai travagliato, che aveva toccato il suo culmine proprio

Lotta Continua del febbraio 1972.

Due manifesti di Lotta Continua sul caso Pinelli (Centro Studi Piero Gobetti, tutti i diritti riservati).

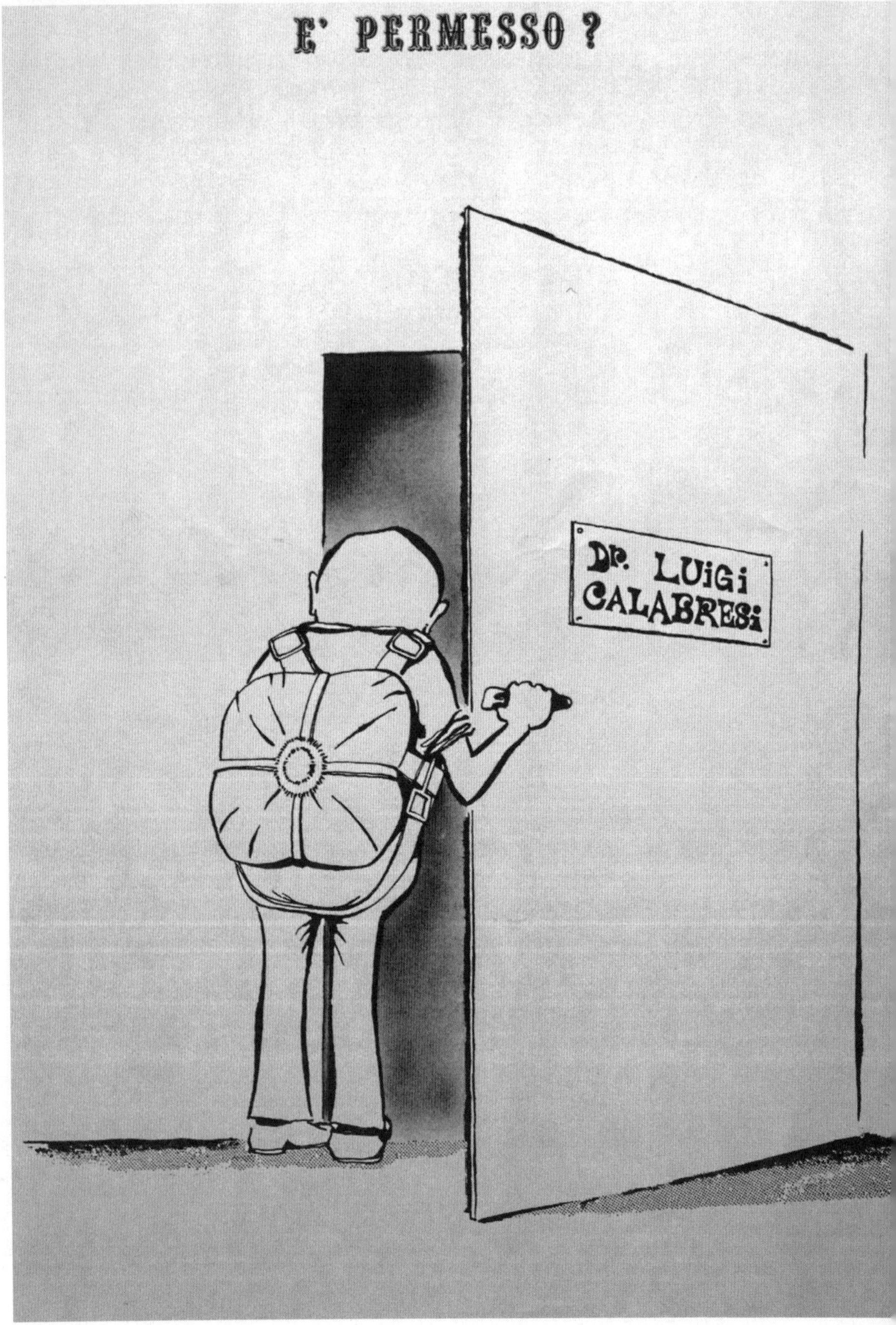

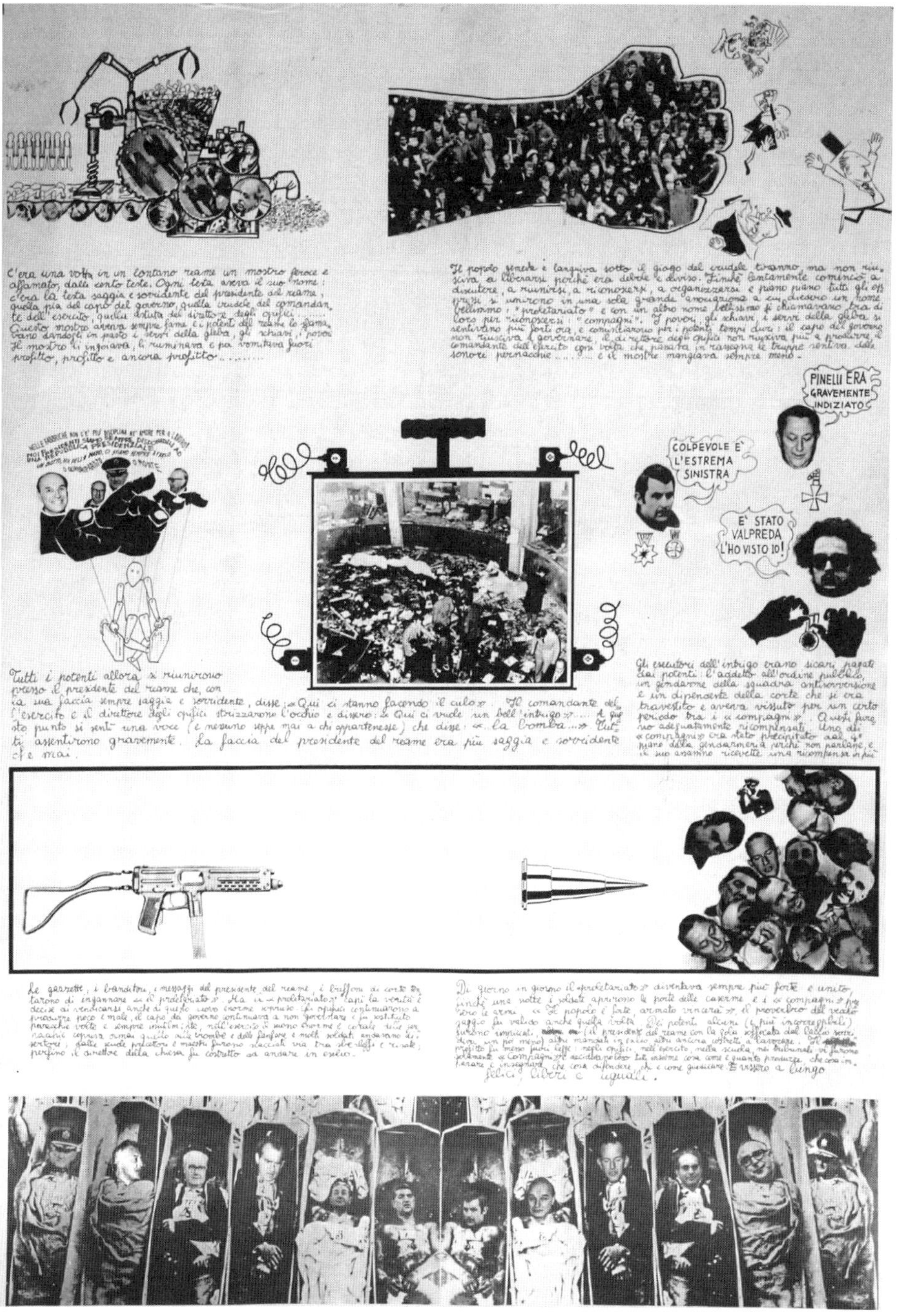
C'era una volta in un lontano reame un mostro feroce e affamato, dalle cento teste. Ogni testa aveva il suo nome: c'era la testa saggia e sorridente del presidente del reame, quella pia del capo del governo, quella crudele del comandante dell'esercito, quella astuta del direttore degli opifici .... Questo mostro aveva sempre fame e i potenti del reame lo sfamavano dandogli in pasto i servi della gleba, gli schiavi, i poveri. Il mostro li ingoiava, li ruminava e poi vomitava fuori profitto, profitto e ancora profitto ....
Il popolo gemeva e languiva sotto il giogo del crudele tiranno, ma non riusciva a liberarsi perché era debole e diviso. Finché lentamente cominciò a discutere, a riunirsi, a riconoscersi, a organizzarsi e piano piano tutti gli oppressi si unirono in una sola grande associazione a cui diedero un nome bellissimo: "proletariato" e con un altro nome bellissimo si chiamavano tra di loro per riconoscersi: "compagni". I poveri, gli schiavi, i servi della gleba si sentivano più forti ora, e cominciarono per i potenti tempi duri: il capo del governo non riusciva a governare, il direttore degli opifici non riusciva più a produrre, il comandante dell'esercito ogni volta che passava in rassegna le truppe sentiva delle sonore pernacchie .... e il mostro mangiava sempre meno.
PINELLI ERA GRAVEMENTE INDIZIATO
COLPEVOLE E' L'ESTREMA SINISTRA
E' STATO VALPREDA L'HO VISTO IO!
Tutti i potenti allora si riunirono presso il presidente del reame che, con la sua faccia sempre saggia e sorridente, disse: «Qui ci stanno facendo il culo». Il comandante dell'esercito e il direttore degli opifici strizzarono l'occhio e dissero: «Qui ci vuole un bell'intrigo»..... A questo punto si sentì una voce (e nessuno seppe mai a chi appartenesse) che disse: «...la bomba...». Tutti assentirono gravemente. La faccia del presidente del reame era più saggia e sorridente che mai.
Gli esecutori dell'intrigo erano sicari pagati dai potenti: l'addetto all'ordine pubblico, un gendarme della squadra antisovversione e un dipendente della corte che si era travestito e aveva vissuto per un certo periodo tra i «compagni». Questi furono adeguatamente ricompensati. Uno dei «compagni» era stato precipitato dal 4° piano della gendarmeria perché non parlava, e il suo assassino ricevette una ricompensa in più.
Le gazzette, i banditori, i messaggi del presidente del reame, i buffoni di corte tentarono di ingannare «il proletariato». Ma il «proletariato» capì la verità e decise di vendicarsi anche di questo nuovo enorme sopruso. Gli opifici continuarono a produrre poco e male, il capo del governo continuava a non governare e fu sostituito parecchie volte e sempre inutilmente, nell'esercito il mono enorme e corale delle pernacchie copriva ormai quello delle trombe e delle fanfare e molti soldati andavano disertori; dalle scuole precettori e maestri furono scacciati via tra sberleffi e risate; perfino il direttore della chiesa fu costretto ad andare in esilio.
Di giorno in giorno il «proletariato» diventava sempre più forte e unito, finché una notte i soldati aprirono le porte delle caserme e i «compagni» presero le armi. «Il popolo è forte, armato vincerà», il proverbio del vecchio saggio fu valido anche questa volta. Dei potenti alcuni (i più incorreggibili) furono impiccati, (il presidente del reame con la gola soffocata dal laccio sorrideva un po' meno) altri mandati in esilio altri ancora costretti a lavorare. Il profitto fu messo fuori legge: negli opifici, nell'esercito, nella scuola, nei tribunali vi furono solamente «compagni» che decidevano loro tutti insieme cosa come e quanto produrre, che cosa imparare e insegnare, che cosa difendere, chi e come giudicare. E vissero a lungo felici, liberi e uguali.

negli ultimi mesi dell'anno, con gli scioperi contrattuali dei metalmeccanici che diedero vita al lungo periodo di lotta passato sotto il nome di «autunno caldo».
Con la fine del 1969, infatti, veniva a scadere il CCNL di parecchie categorie e, su tutte, la più numerosa, quella dei metalmeccanici. Già nel corso dell'anno si erano verificate parecchie situazioni di tensione, che avevano raggiunto l'apice il 9 aprile, quando a Battipaglia (SA), durante lo sciopero avvenuto dopo la notizia della chiusura di due aziende storiche come lo zuccherificio e la manifattura dei tabacchi, la polizia caricò sparando proiettili da guerra e contribuendo a far sì che la rivolta degenerasse e si propagasse per tutta la città, per alcune ore in mano a chi stava protestando. Negli scontri persero la vita il tipografo diciannovenne Carmine Citro e l'insegnante Teresa Ricciardi, colpita da una pallottola vagante mentre era affacciata alla finestra.
Senza attenuarsi, alimentata da continui scioperi nelle fabbriche e nelle scuole, la conflittualità tra le componenti sociali del Paese era riesplosa poi a Torino il 3 luglio quando, ancora davanti alla FIAT, avvennero scontri che in qualche modo ricordavano quelli di sette anni prima in piazza Statuto.
Questa volta la protesta era incentrata su temi di forte carattere sociale: la casa, l'aumento degli affitti e gli sfratti conseguenti. La protesta era iniziata davanti ai grandi magazzini Standa di via Nizza, dove si era svolto un picchettaggio per impedire che le commesse entrassero nel negozio. A un sit-in dei dimostranti, la polizia caricava disperdendoli. Il pomeriggio, davanti ai cancelli di Mirafiori, si presentavano circa duemila manifestanti con bandiere, striscioni e megafoni. Stando alle cronache dei due quotidiani torinesi, molti provenivano da altre realtà del Centro-Nord: Milano, Trento, Roma e Pisa. Gli stessi organi di stampa danno conto dei cartelli che i dimostranti inalberavano e tra questi alcuni piuttosto interessanti: «Cosa vogliamo: tutto», ma anche «Tutto il potere agli operai» e «Sindacato e padrone, accordo bidone».
Era certo una protesta che andava al di là delle rivendicazioni contrattuali del sindacato, a cui con tutta probabilità la situazione era già sfuggita di mano. Alle 15.30 i dimostranti, che già erano diventati quattromila, improvvisarono un corteo che imboccò corso Traiano per dirigersi con tutta probabilità al Lingotto. Qui una prima carica e il fuggi fuggi dei dimostranti che cercavano rifugio nei gerbidi o nei cantieri che a quel tempo, nella zona in pieno sviluppo urbanistico, erano assai numerosi. Racconta Nanni Balestrini nel romanzo che scrisse sull'onda di quei giorni:

> Corso Traiano sta proprio dirimpetto alla palazzina degli uffici FIAT. Corso Traiano c'ha due corsie e una corsia centrale dove ci sono le rotaie del tram e i sassi. Noi scendevamo giù camminando sulla destra e in senso inverso dall'altra parte venivano i poliziotti. Che poi si fermano e aspettano bloccando il traffico. Ci volevano tagliare la strada non ci volevano far muovere di lì.

LA STAMPA — **CRONACA CITTADINA** — VENERDI' 4 LUGLIO 1969 — ANNO 103 - NUMERO 154

La manifestazione contro il caro-affitti è degenerata in tafferugli ed episodi di violenza

[G]ravi scontri tra la polizia e i dimostranti [d]avanti alla Mirafiori: 70 feriti, 160 fermi

[Lo] sciopero indetto dai sindacati ha provocato massicce astensioni in tutte le fabbriche - Chiusi i negozi, fermi i tram, in ritardo i treni - Al pomeriggio giovani [giun]ti anche da altre città d'Italia hanno organizzato un corteo non autorizzato di 4 mila persone - La zuffa è scoppiata all'ordine di scioglimento - La polizia ha [u]so candelotti lacrimogeni; i manifestanti, molti appartengono a Potere Operaio, hanno risposto con fitte sassaiole - Incendiata una «bisarca» che trasportava auto, [danne]ggiati macchine e furgoni - Costruite barricate in corso Traiano: roghi e fumo nella notte - I «maoisti» si rifugiano nelle case e nei campi - Snidati a uno a uno

Un momento della battaglia: i dimostranti hanno trovato nei vicini cantieri pietre e bastoni a volontà - La polizia ha costretto i manifestanti a ritirarsi: il corso è cosparso di macerie

Ore 2: nuova vampata di teppaglia a borgo San Pietro

Altre azioni di violenza nella notte sfasciate le automobili nei posteggi

Gruppi di scalmanati fracassano le vetrine, aradicano le paline della segnaletica - Bloccato il ponte di Nichelino con latte di benzina incendiate - Allarme di cittadini - Polizia e carabinieri respingono i vandali

Quadro sindacale

Pesante bilancio

[Ar]riva l'elicottero

Corso Traiano: un agente spara una granata lacrimogena. I dimostranti (molti giunti da altre città) sono circa 4 mila

Riunione ieri al liceo «D'Azeglio»

Come uno studente è giudicato maturo

I professori preferiscono eccedere in clemenza piuttosto che in severità - Lunedì cominciano i colloqui

Sospese le assunzioni di personale alla Fiat

Comunicato del dottor Agnelli - Per alleviare i disagi dell'immigrazione

temperatura di ieri

massima +25,2

minima +14,4

Specchio dei tempi

«La legge anti-racket esiste, usiamola per combattere gli sfruttatori» - Appello di una lettrice un po' avanti negli anni - Una ragazza all'acqua e sapone delusa dai giovani di buona famiglia - «Mio marito è stato ucciso a Carmagnola, l'investitore è fuggito»

La Stampa del 4 luglio 1969 (Archivio storico La Stampa).

Un momento degli scontri di corso Traiano (Fondazione Vera Nocentini, tutti i diritti riservati).

Un momento dello sciopero FIAT che diede inizio agli scontri di corso Traiano.

Gli scontri di corso Traiano (su concessione dell'Archivio Storico della Città di Torino, tutti i diritti riservati).

Cioè la lotta la volevano isolare alla FIAT e intorno alla FIAT ma non doveva uscire fuori nella città. Credevano che noi volevamo andare in centro e in effetti questa era la nostra idea. (Nanni Balestrini, *Vogliamo tutto*, in *La grande rivolta*, Bompiani, Milano 1999, p. 84)

La copertina della prima edizione di *Vogliamo tutto.*

Cortei di operai FIAT nel 1969; nella foto sotto, la manifestazione del 13 novembre per il rinnovo del contratto nazionale del lavoro (da *www.mirafiori-accordielotte.org*).

Alla ricomparsa dei manifestanti fuggiti, la situazione precipitò: una bisarca venne messa di traverso sulla strada e vi fu il tentativo di incendiarne il serbatoio; i sassi lanciati dai dimostranti ferirono agenti e danneggiarono parecchi automezzi. Scriveva *La Stampa*:

> Alle 2 di notte scoppiano nuovi disordini in borgo S. Pietro. I dimostranti erigono barricate ed incendiano auto in sosta. Sul posto accorrono una cinquantina di agenti al comando del dr Romano Bellofiore. [...] La manovra viene scoperta. Per creare confusione i dimostranti si rifugiano nelle vie laterali, danneggiano negozi e alzano nuove barricate. Poi le incendiano con getti di benzina. Le fiamme si levano a 10-15 m d'altezza, su tutta la zona grava una nube di fumo. (*La Stampa*, 4 luglio 1969)

Il bilancio conclusivo fu pesante: 132 fermati e 28 arresti, parecchie decine di feriti, quasi tutti tra le forze dell'ordine (gli eventuali feriti tra le fila di operai e studenti avevano evitato di farsi medicare in ospedale).
Che cos'era accaduto? La situazione non era diversa da quella di sette anni prima in piazza Statuto, ma soprattutto erano gli stessi i soggetti che avevano inscenato la protesta: operai per lo più giovani, non sindacalizzati, spesso provenienti dal Sud, privi di formazione politica e del tutto sradicati dal contesto cittadino. La loro rabbia, inoltre, era assai cresciuta rispetto al 1962, perché i controlli e la repressione in fabbrica erano diventati più duri e l'esperienza di scontri di piazza molto rafforzata. Purtroppo aveva fatto anche capolino la violenza, ma questo perché, anche per l'atteggiamento della controparte, era diventato naturale considerare la piazza il campo di battaglia su cui, a scapito del dialogo, il movimento cercava di affermare le proprie rivendicazioni:

> [Il '68-69] è indotto dalla sua stessa storia a soffermarsi più sulla violenza istituzionale che sul consenso, più ai meccanismi di controllo dall'alto dei conflitti che alla libera dialettica tra le diverse parti politiche. Si diffonde una visione dello Stato democratico totalmente appiattita sui suoi apparati di forza, sui suoi aspetti burocratici e polizieschi. (Giovanni De Luna, *Le ragioni di un decennio. 1969-1979. Militanza, violenza, sconfitta, memoria*, Feltrinelli, Milano 2011, p. 114)

Il 26 e il 27 dello stesso mese, frattanto, al Pala Ruffini si svolse l'incontro nazionale delle assemblee dei comitati di base, con l'intento di dare una linea politica e d'azione alle varie anime in cui la sinistra extraparlamentare si stava differenziando. Il tentativo risultò del tutto fallimentare: le spaccature, già troppo profonde fra tendenze più o meno radicali, non consentirono di trovare una linea d'accordo. Erano i prodromi di quella scissione che in au-

Stampa sera del 28-29 luglio 1969 (Archivio storico La Stampa).

Numero 173 STAMPA SERA Lunedì 28 - Martedì 29 Luglio 1969 5

«maoisti» cercano un pò di fresco

...tori passeggiano davanti al Palazzetto dello Sport durante una pausa del congresso (Foto Moisio)

...a seconda giornata al Palazzetto dello Sport di Torino

... congresso dei contestatori ...hiuso senza una linea comune

...i gruppi non si sono trovati d'accordo nei metodi di lotta, nei rapporti con i partiti di sinistra, nell'organiz-...ne della protesta nelle fabbriche di tutto il Paese - In settembre a Milano un convegno riservato ai dele-...dei diversi «comitati di base» per elaborare una strategia in vista delle battaglie sindacali del prossimo autunno

A cura di Pier Michele Girola e Maria Valabrega

CHIUSA L'INCHIESTA AL LICEO DI BRA

Oggi la relazione al ministro sulla contestatrice bocciata

L'ispettore scolastico prof. Lama non ha voluto rilasciare dichiarazioni - Ma sembra che l'inchiesta si sia chiusa in modo sfavorevole per la ragazza - La sua insegnante di latino e greco, che ha assistito all'esame, continua tuttavia a difenderne la «maturità» della giovane

dal nostro inviato

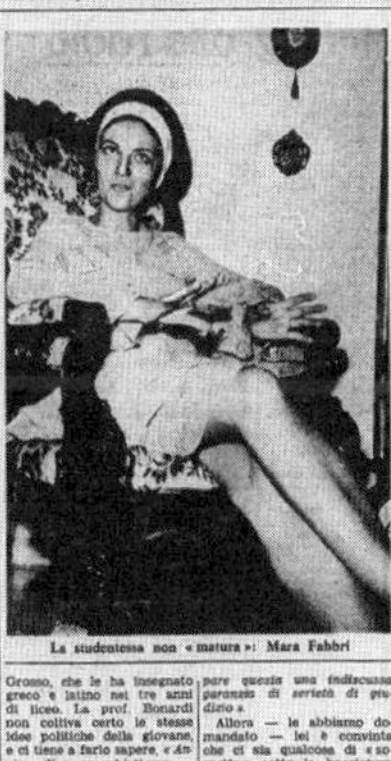

La studentessa non «matura»: Mara Fabbri

Carlo Sartori

CONTINUA L'AFA MALGRADO QUALCHE BREVE TEMPORALE

Città vuote per il caldo torrido Invase spiagge, laghi e corsi d'acqua

Oltre settecentomila turisti sulle Riviere - Il traffico si svolge a passo d'uomo - Molta animazione nei centri alpini - Duemila gitanti hanno compiuto la traversata del Monte Bianco - Affollato Plateau Rosa e il Fürggen

Miss Piemonte eletta ad Andorno Micca: Franca Naso (a sinistra) di 23 anni, insieme alla seconda classificata Michela Palestro, quindicenne. Entrambe sono vercellesi

Previsioni del tempo

La tragedia dinnanzi a Marina di Vecchiano

Muratore cade dal canotto e l'elica gli spacca il capo

Panico a Catanzaro per due scosse telluriche

LA STAMPA — CRONACA CITTADINA — VENERDI' 26 SETTEMBRE 1969 — ANNO 103 - NUMERO 225

La grande manifestazione organizzata ieri dai sindacati

Cortei di 40 mila metalmeccanici giunti da tutta l'Italia del Nord

Diecimila lavoratori affluiti a Torino su pullman, treni e auto - Quattro colonne con bandiere e striscioni dalla periferia a piazza S. Carlo - Duemila attivisti della «polizia operaia» hanno garantito l'ordinato svolgimento della dimostrazione - Gruppi di estremisti respinti con energia: «Siete delle rondini svolazzanti» - Discorsi dei segretari nazionali - I sindacati: «Adesioni al 99-100 per cento» - Oggi seconda giornata di sciopero nella provincia

Il corteo proveniente dalla barriera di Milano sfila per via Roma con cartelli e striscioni

Sciagura in una curva di strada Val San Martino

Diciottenne senza patente muore nell'auto che ha preso al padre

I familiari credevano che riparasse la moto nel cortile - Sbanda in discesa e si schianta contro un muro: è scaraventato fuori della macchina attraverso il tettuccio di tela

Altra disgrazia: ucciso dal trattore che ribalta in una discesa

La vittima, Ezio Foco - L'utilitaria è rimasta sfasciata in mezzo alla strada dopo aver compiuto un giro su sé stessa

L'ordine del giorno della Giunta sul problema della casa

Il piano Comune - Istituto Case Popolari per costruire 7130 alloggi sulla 167

L'avv. Dezani ha precisato che entro il '72 sorgeranno in Torino e cintura 15.922 appartamenti con 88.403 vani - La Gescal ha già predisposto il finanziamento dei 75 miliardi

Aeroporto di Caselle: discussa in Comune la seconda pista

temperatura di ieri	
massima	+21,7
minima	+12

Domani a mezzanotte si torna all'ora solare

All'una le lancette verranno riportate indietro di 60 minuti - Modifiche agli orari dei treni e degli aerei

Processo a un giovane obiettore di coscienza

Corteo di protesta del Corpo europeo della pace

Merce per 6 milioni rubata alla Caudano

Dal magazzino di Bruino

Il ladro che fuggiva estrasse un coltello: 5 anni per rapina

Aveva rubato marche da bollo per 250 mila lire a un tabaccaio - Rincorso da un automobilista lo minacciò - Ieri il processo in Assise

Specchio dei tempi

Ansiosi di ogni latitudine, vincete la pigrizia e datevi allo Yoga - Non facciamone degli eroi, ma combattiamoli - Consigli a un marito (sembra l'asino di Buridano) - Si sposi, sua madre sarà felice - Auguri per l'Inter

Facoltà di veterinaria sei lauree *ad honorem*

La Stampa del 26 settembre 1969 (Archivio storico La Stampa).

PAG. 8 / economia e lavoro — l'Unità / giovedì 20 novembre 1969

OGGI RIPRENDONO LE TRATTATIVE PER I METALMECCANICI

MARCIA INDIETRO DELLA FIAT

I «sospesi» alla assemblea di Torino: «abbiamo vinto!»

L'annuncio durante il «processo» al monopolio dell'auto, accolto da migliaia di lavoratori in piedi - Fallito l'obiettivo di colpire il movimento in fabbrica - Attorno alle lotte l'incontro delle forze politiche di sinistra - Spaccata la DC al Comune

Le politica delle autorità monetarie sotto accusa

PREZZI SALITI DEL 5,8%

Donat Cattin: Carli punta sull'aumento dei disoccupati

La stretta creditizia decisa senza il consenso collegiale del governo

Crisi edilizia

L'inflazione

Salari e riforme

Pelletterie: rotte le trattative

All'alba di ieri

Pirelli: firmato l'accordo

Aumentato il premio di produzione - Diritto di assemblea in fabbrica - Istituiti i delegati di reparto

Per l'Aeritalia chiesto un incontro al governo

Sciopero dei finanziari fino a sabato

Chimici: decisi tre giorni di sciopero

Eco all'assemblea regionale siciliana dello sciopero

Lettere all'Unità

Il PSI e gli affitti agrari

«L'Unità» e gli scioperi dei tipografi

La misera liquidazione all'appuntato

L'ambulante senza patente

L'Unità del 20 novembre 1969.

tunno avrebbe portato i gruppi ormai organizzati di Potere Operaio e Lotta Continua a differenziarsi in modo netto. «Il congresso dei contestatori chiuso senza una linea comune»: dopo questo titolo che faticava a nascondere una certa soddisfazione, *Stampa sera* proseguiva cercando di illustrare le ragioni della mancata intesa:

> Quali i motivi più importanti del disaccordo? Innanzitutto i metodi da seguire nella lotta: due le correnti principali: i «guerriglieri» e i «moderati». Uno studente ha detto ieri mattina: bisogna raggiungere con i cortei le zone centrali delle città per poter bloccare le comunicazioni ed i commerci. Se occorre dobbiamo anche saper affrontare la polizia, ma nei grandi viali periferici, davanti gli stabilimenti, è praticamente impossibile alzare barricate e resistere alle cariche. [...] Un'altra frattura: i rapporti con i partiti di sinistra. Un gruppo di operai ha cercato di proporre un dialogo con il PCI ma sono stati zittiti clamorosamente. I partiti, commentava uno studente barese, sono pericolosi perché agiscono all'interno della società, senza l'autentico desiderio d'infrangerne le strutture. (*La Stampa*, 28-29 luglio 1969)

In meno di due anni, dunque, il movimento era cresciuto, e dalla semplice organizzazione studentesca era ormai diventato un soggetto politico a tutti gli effetti. Dopo la breve estate, che il 20 luglio regalò all'umanità l'impronta di Neil Armstrong sulla Luna, l'inizio astronomico dell'autunno veniva quasi a coincidere con quello politico.

1969: per protestare contro i licenziamenti, si organizza il «processo alla FIAT» al palazzetto dello sport (da *www.mirafiori-accordielotte.org*).

6.000 STUDENTI DAVANTI A MIRAFIORI

Giovedì 27 novembre seimila studenti medi arrivano in corteo davanti alla Fiat Mirafiori; si fermano alla porta 2 delle carrozzerie in Corso Tazzoli. All'interno della fabbrica gli operai hanno iniziato da due giorni lo sciopero «ad oltranza»: la fabbrica è nelle loro mani, i sindacati sono spazzati via, la produzione è completamente bloccata. Centinaia di operai si assiepano dietro ai cancelli, alcuni prendono il megafono dalle mani degli studenti e improvvisano un'assemblea: chiedono agli studenti di propagandare la loro lotta, di organizzarsi insieme per il collegamento con le altre fabbriche. Gli operai delle carrozzerie di Mirafiori non devono rimanere isolati in questo nuovo attacco alla gestione sindacale della lotta; per loro le lotte di massa degli studenti sono un'occasione concreta per allargare la lotta e per socializzarla.

Per gli studenti l'incontro di massa con gli operai ai cancelli di Mirafiori è il punto di arrivo di un lungo processo di maturazione raggiunto attraverso una mobilitazione permanente nelle scuole; e apre contemporaneamente delle nuove prospettive verso un collegamento più preciso con la classe operaia.

Lo sciopero generale degli studenti medi di giovedì ed il corteo alla Fiat erano stati decisi dal comitato di coordinamento degli studenti medi dopo un periodo intenso di lotte nella scuola, caratterizzato dal blocco totale dell'attività scolastica e da scioperi e cortei che sfociavano ogni giorno nell'invasione di una scuola da parte di studenti di altre scuole. Questo aveva permesso di raggiungere l'unità nella lotta fra studenti di diverse scuole e di mettere in discussione le divisioni sociali che costringono i figli degli operai all'istituto professionale, quelli dei professionisti e dei professori al liceo.

In tutta questa fase il problema del collegamento con gli operai era già centrale in tutte le discussioni e le assemblee degli studenti. Fin dall'inizio dell'anno alcuni operai della Fiat avevano cominciato a partecipare regolarmente alle assemblee nelle scuole e gli studenti, da parte loro, avevano trovato una prima occasione di mobilitazione generale con il corteo al salone dell'automobile del 29 ottobre «per incontrarsi a livello di massa con gli operai». L'incontro non c'era stato perchè gli operai a Mirafiori non avevano saputo trovare la forza necessaria per vincere l'opposizione del sindacato; ma questo episodio aveva dimostrato quanto fosse radicata nelle masse degli studenti la volontà di non lasciarsi rinchiudere entro le mura della scuola e di essere invece direttamente partecipi dell'avanzata generale della lotta di classe.

Il corteo di giovedì è stata un'ulteriore verifica di questa ipotesi. Sono state così sconfitte quelle forze opportuniste, dallo PSIUP all'«Unione», che nel comitato di coordinamento si erano battute fino all'ultimo per impedire che il corteo si dirigesse alla Fiat, accusando i compagni di «Lotta continua» di essere avventuristi, di passare sulla testa degli studenti, e proponendo, come sbocco del corteo, l'ennesima invasione di una scuola. Giustamente gli studenti avevano respinto queste proposte perchè avevano capito che lo sciopero generale doveva segnare un momento nuovo della loro lotta, doveva aprire una nuova fase nel collegamento fra operai e studenti.

E infatti il corteo ha avuto fin dall'inizio un andamento molto combattivo. «Solo la lotta batte i padroni», «La scuola divide, la lotta unisce», erano gli slogans che ricorrevano con più frequenza.

Davanti al Politecnico i sindacati propongono, come manovra diversiva, di fermarsi in un'aula a discutere con pochi attivisti sulle lotte operaie, anzichè andare alla Mirafiori in corteo. Gli studenti medi e molti studenti del Politecnico rifiutano con forza questa prospettiva. Si fermeranno solo 50 studenti e 50 sindacalisti, mentre migliaia di studenti iniziano la marcia verso Mirafiori.

Dopo l'assemblea alla porta 2 si ha un fatto significativo. Tutti gli studenti prendono d'assalto i tram e, al grido: «Paga Agnelli!», si rifiutano collettivamente di pagare il biglietto. Continuano così il corteo sui tram che li portano a casa, da cui sventolano bandiere rosse.

L'incontro di massa di giovedì deve essere l'inizio di un collegamento più sistematico e organizzato. Per questo i compagni più attivi delle varie scuole hanno sentito la necessità di impegnarsi direttamente alle porte delle fabbriche. Dopo una serie di discussioni, che hanno seguito lo sciopero di giovedì, nel comitato di coordinamento si è deciso che i comitati di base di ogni scuola interverranno regolarmente ognuno ad una porta della Fiat. A partire da sabato questo ha cominciato a realizzarsi.

Al di sotto di queste decisioni c'è una scelta politica fondamentale: quella della formazione di avanguardie studentesche che, mantenendo un concreto legame con la massa degli studenti nelle loro scuole, siano in grado di porsi dei problemi politici generali, attraverso la pratica costante del lavoro politico di fabbrica e la discussione quotidiana con le avanguardie operaie; e quindi possono servire da tramite per il collegamento e l'unificazione di massa fra studenti e operai.

LO STATUTO DEI DIRITTI DEI LAVORATORI

Il regalo di Natale della borghesia

Da molto tempo il governo dei padroni si è accorto che quelli che chiama i «diritti costituzionali», come la libertà di espressione e di propaganda (che per gli sfruttati significa solo possibilità di lamentarsi senza però fare nulla per mettere fine allo sfruttamento) non venivano rispettati in fabbrica, ed ha proposto quindi uno «Statuto dei diritti del lavoratore» che in questi giorni viene sbandierato, soprattutto dall'Unità, come una prima conquista che deve sostenere il potere che i lavoratori stanno conquistando in fabbrica.

Per i proletari che significato può avere uno statuto concesso da un governo borghese? Bisogna rispondere prima di tutto che gran parte dello statuto riguarda i sindacati e i loro rappresentanti: è ad essi che vengono concessi dei grossi privilegi. Infatti con questo statuto i sindacalisti potranno usufruire di permessi retribuiti per svolgere la loro attività o anche di permessi non retribuiti per partecipare a congressi o a trattative sindacali; i componenti degli organi direttivi provinciali poi avranno diritto a permessi per partecipare alle riunioni. Tutto questo proprio in un momento in cui tutta la massa degli operai ha dimostrato di avere l'interesse e la forza di prendersi tutto il tempo che vuole durante l'orario di lavoro, per tenere assemblee e discutere di ciò che gli pare. Lo statuto invece, contrariamente a questa esperienza, vuole aumentare la distanza tra i pochi che possono informarsi sempre di tutto e occuparsi di politica e gli altri, i molti, che dovrebbero soltanto ascoltare, durante quelle poche assemblee remunerate, e all'interno dell'orario di lavoro, che saranno previste dai contratti collettivi (per gli edili, per esempio, sono solo dieci all'anno). Ma i previlegi concessi al sindacato non si fermano qui: i sindacalisti non potranno essere trasferiti dalla fabbrica se non con il nulla osta del loro sindacato e, quel che è peggio, l'articolo 20 prevede delle limitazioni alla repressione padronale solo per l'attività sindacale o per lo sciopero; permettendo così al padrone di colpire tutti quei compagni che svolgono un'attività politica in fabbrica al di fuori delle organizzazioni sindacali e che usano strumenti di lotta diversi da quelli concessi dalla legge borghese. Questo articolo dimostra con molta chiarezza il carattere repressivo e reazionario dello Statuto ed inoltre è una ulteriore condanna di tutte le forme più avanzate e dure che gli operai hanno usato in questo periodo e un ammonimento a tutti a non riprenderle.

Questo non ci meraviglia, come non ci meraviglia il fatto che in cambio di queste cortesie il sindacato si vede riconosciuto legalmente dallo stato borghese come unico rappresentante della classe operaia in fabbrica. Infatti nell'articolo 11 si dice che soltanto per iniziativa di lavoratori iscritti alle confederazioni maggiormente rappresentative o comunque a quelle che firmano contratti collettivi sarà concesso di istituire rappresentanti sindacali e soltanto loro potranno svolgere opera di proselitismo e, ciò che è più importante per i sindacati, indire assemblee in fabbrica. Si vede molto chiaramente da questo Statuto come da tutto questo periodo di lotte che il governo dei padroni da una parte oggi accetta il sindacato, gli dà tutte le libertà di cui ha bisogno, e dall'altra mantiene bene aperta la possibilità di reprimere tutte quelle lotte che non entrano nelle regole «democratiche» stabilite dai padroni.

Il sindacato cioè è maturo oggi per essere accettato dal governo e dai padroni, dimostra di essere comprensivo e di buon grado allora viene accettato e ben volentieri allora gli si conferisce questo «statuto» che non è niente altro che il suo certificato di buona condotta. Certamente l'entrata del sindacato in fabbrica potrà forse dare fastidio a quei vecchi padroni delle piccole e medie aziende che sono abituati a non avere controparti di nessun tipo ma non darà certo fastidio ai grossi padroni che sono abituati ad avere un sindacato in fabbrica che fa da intermediario tra loro e gli operai.

C'è invece tutta la prima parte dello Statuto che riguarda i diritti personali dei lavoratori, dove ci sono delle cose indubbiamente buone assieme però ad altre che sono ancora molto gravi. Viene cioè eliminato finalmente il medico di fabbrica e viene resa obbligatoria la riassunzione per quelli che sono stati licenziati per ingiusta causa; e la funzione dei guardioni dovrebbe essere d'ora in poi solo quella di difendere le macchine; ma continueranno ad esistere i controlli all'uscita della fabbrica e non c'è un vero e proprio divieto all'uso dei televisori per controllare da lontano l'attività degli operai. Solo concessioni marginali, anche se di una certa importanza per certe fabbriche dove il padrone è ancora troppo forte (cioè, ancora, per quelle piccole e medie) ed è anche per queste fabbriche che il PCI ha appoggiato l'articolo per il quale si possono costituire delle C.I. anche nelle aziende con soli 10 operai.

Ma anche in questo articolo si vede che l'intenzione del governo (e in questo caso del PCI) è di estendere il potere del sindacato anche nelle fabbriche più piccole. Ma ollora bisogna dire che questo appunto serve soltanto a rafforzare il sindacato ma non a rendere più forte, a unificare la classe operaia.

Riassumendo: questo Statuto dei «diritti» dei lavoratori dal nome così grosso porta soltanto dei leggeri miglioramenti nelle condizioni di lavoro nelle fabbriche, ma è fatto soprattutto per reprimere le lotte operaie che non vanno bene ai padroni, e ancora per rafforzare il sindacato così che si potrebbe molto meglio chiamarlo «Statuto dei diritti dei sindacati».

Un articolo di *Lotta Continua* sul corteo contro i licenziamenti FIAT del novembre 1969.

1969, sciopero FIAT (fondo Garelli, archivio Istituto piemontese per la storia della Resistenza e della società contemporanea).

1969: manifestazione davanti a Mirafiori (foto di Uliano Lucas, da *www.mirafiori-accordielotte.org*).

Il 25 settembre, infatti, proprio a Torino si svolgeva una grande manifestazione, organizzata dal sindacato in tutto il Centro-Nord, che vedeva sfilare in corteo 40.000 tute blu (nel Sud la manifestazione si svolse a Napoli il 16 ottobre, mentre a Roma, il 28 novembre, sarebbero sfilate centomila persone). Ordinata e composta, la manifestazione torinese terminava in piazza San Carlo con un discorso di Giorgio Benvenuto e Bruno Trentin, rispettivamente leader di CISL e CGIL. Il secondo non trascurava di lanciare un messaggio ai gruppi della sinistra extraparlamentare:

> Il sindacato non è perfetto, ma è insostituibile. Se volete partecipare alla nostra vita anche per criticare ciò che c'è di vecchio le porte sono aperte. I lavoratori combattono e rispondono di persona. Ai disgregatori daremo una risposta che potrà anche essere dura ed aspra. (*La Stampa*, 26 settembre 1969)

In quel drammatico autunno, dunque, la frattura fra il sindacato e quei gruppi di studenti e operai che stavano dando vita ai collettivi della sinistra extraparlamentare si rendeva manifesta. È ancora Nanni Balestrini a offrire lo spaccato di un momento assembleare davanti ai cancelli della FIAT:

> Tutte le lotte venivano preparate nelle assemblee che si facevano all'uscita del primo e secondo turno. Alle prime di queste assemblee di operai e studenti venivano soltanto gli operai di Mirafiori. Ma poi man mano che la lotta si allargava man mano che si interveniva in altre fabbriche alla Spa Stura alla Lingotto a Rivalta eccetera cominciarono a arrivare operai anche da queste altre fabbriche FIAT. E questo fatto accresceva proprio la possibilità di portare avanti le lotte perché ogni operaio ogni compagno portava il suo contributo di esperienze e di idee. Come fermarsi come fare i cortei quali obiettivi proporre eccetera. Cosa è meglio bloccare in fabbrica per fermare col minimo sforzo. (Nanni Balestrini, *Vogliamo tutto* cit., p. 59)

Nel frattempo, i sindacati torinesi avevano indetto quattro giorni di sciopero per il contratto, da effettuarsi tra il 29 settembre e il 12 ottobre, cosa che puntualmente avvenne anche in forme differite, come per esempio lo sciopero interno. Lo stesso 12 ottobre, nelle industrie metalmeccaniche torinesi vennero proclamate altre 12 ore di sciopero da effettuarsi nei giorni a seguire. Nel tardo autunno, intanto, la situazione s'incattiviva: il 27 ottobre, a Pisa, violentissimi scontri tra manifestanti e polizia provocano la morte del manifestante Franco Serentini, ma in quel contesto facevano anche la loro comparsa le bottiglie molotov, utilizzate contro le forze dell'ordine. Il 19 novembre, a Milano, durante gli scontri tra manifestanti e polizia moriva l'agente Antonio Annarumma, colpito da

un tubo di ferro lanciato da un manifestante uscito da un corteo di marxisti-leninisti contro il caro-affitti.
In quello stesso novembre, la FIAT emanò un provvedimento di licenziamento per duecento dipendenti sindacalizzati, che ebbe come conseguenza l'interruzione delle trattative contrattuali. Le trattative ripresero grazie alla mediazione della FIM, che spinse perché la vertenza contrattuale potesse essere composta solo previo il reintegro dei licenziati. Così in effetti fu, e il 21 dicembre, auspice il sostegno del ministro del Lavoro, il torinese Carlo Donat-Cattin, l'accordo venne raggiunto e siglato, con vantaggio dei lavoratori, l'8 gennaio dell'anno successivo. Ciononostante, la risposta dei gruppi extraparlamentari ai contratti e alle conquiste salariali e normative raggiunte con la composizione delle vertenze fu assai negativa. Potere Operaio lo definì subito «accordo bidone» e le critiche al sindacato, che aveva spinto perché si arrivasse a una conclusione, furono feroci. Scrivono Balestrini e Moroni in *L'orda d'oro*, opera da cui non si può prescindere quando si affronta il tema delle lotte operaie del '68:

> Gli operai diventarono un pochino selvaggi, nel corso di quell'autunno tropicale. E questa fu la rivoluzione culturale di quel momento. L'utilità del lavoro, la sua necessità storica venne finalmente messa in dubbio. Gli operai cominciarono a sentirsi qualcosa di diverso rispetto alla storia della civilizzazione bianca occidentale. (Nanni Balestrini, Primo Moroni, *L'orda d'oro* cit., p. 340)

Quell'anno tragico doveva concludersi con i 17 innocenti morti in coda agli sportelli della Banca Nazionale dell'Agricoltura, in un freddo pomeriggio di fine autunno. Quest'evento veniva a sconvolgere gli equilibri che, fino a quel momento avevano impedito che la situazione precipitasse. Era l'inizio di un decennio che passò alla storia, anche per il titolo di un famoso film tedesco (*Die bleierne Zeit*, del 1981, diretto da Margarethe von Trotta), come gli «anni di piombo», un decennio nel quale il terrorismo assunse una connotazione (talora vera, ma molto spesso presunta) con forte orientamento a sinistra. Come da più parti sostenuto, la strage di Milano fu davvero la madre di tutte le stragi a venire, e come quelle che la seguirono fu oggetto di iter giudiziari che non fornirono spiegazioni convincenti (e nemmeno condannarono i colpevoli veri e soprattutto i mandanti). Il 12 dicembre 1969, in sostanza, il gioco smise di essere un gioco e il volto pulito della contestazione, suo malgrado e forse senza averne colpa, smise la maschera gioiosa per indossare quella del terrore e della morte.

Manifesto di Lotta Continua (Centro Studi Piero Gobetti, tutti i diritti riservati).

IL POPOLO
SIAMO FASCISTI OGGI ABBIAMO ACCOLTELLATO 3 OPERAI DELLA INGNIS QUESTA È LA NOSTRA POLITICA OPERAI
SIAMO FASCISTI OGGI ABBIAMO ACCOLTELLAT 3 OPERAI IGNIS QUESTA È LA NOSTRA POLITICA PRO OPERAI
SI FA
SONO UN AGENTE DELLA CIA - HO UCCISO PINELLI
GIUSTIZIA DA SOLO

Marzo 1973: gli operai FIAT protestano per il rinnovo del contratto dei metalmeccanici e contro i licenziamenti (foto di Dario Lanzardo).

7. L'EREDITÀ DEL '68

Celebrato o vituperato, secondo la tendenza ideologica di chi fornisce il giudizio, certo il '68 ha avuto meriti e demeriti, pregi e difetti. Tra i primi, aver dato una scossa al Paese, smuovendolo da un torpore secolare; tra i secondi, essere in qualche modo corresponsabile della nascita del terrorismo che, seppure solo in parte di matrice comunista (in molti casi il comunismo era di facciata) e anche di matrice opposta, trovò nelle pieghe dell'operaismo e nelle frange estreme del movimento studentesco un terreno di crescita. Oltre ciò, non va dimenticato che fu proprio il '68 a liberare, anche se non del tutto, la donna dalla condizione di sudditanza in cui si trovava in famiglia e sul lavoro, rendendola consapevole del suo ruolo sociale e politico, e a far sì che venisse posto sul tavolo il tema della malattia mentale e della gestione dei pazienti psichiatrici. Le denunce contenute nelle opere *Morire di classe. La condizione manicomiale fotografata da Carla Cerati e Gianni Berengo Gardin* (di Franco Basaglia e Franca Basaglia Ongaro, Einaudi, Torino 1969) e *Portami su quello che canta. Processo a uno psichiatra* (di Alberto Papuzzi, Einaudi, Torino 1977) diedero un fattivo contributo alla chiusura dei manicomi e alla ricerca di strutture e gestioni più adeguate al benessere di quel genere di malati.

Vi sono poi altri aspetti da non sottovalutare, come quello relativo all'importante contributo che, proprio in virtù del loro atteggiamento anticlassista, i movimenti di lotta diedero a favore dell'integrazione delle masse provenienti dal Meridione, richiamate dalle grandi opportunità di impiego che le aziende metalmeccaniche offrivano in quegli anni di motorizzazione spinta. Solo dopo il '68, infatti, a Torino iniziarono a scomparire i cartelli su cui campeggiava la locuzione destinata a passare alla storia: «Non si affitta ai meridionali».

In ogni caso, è del tutto evidente che il movimento nato nel '68 non poteva rimanere immobile, doveva per forza evolversi e, a differenza di ciò che accadde in altri paesi europei come Francia o Germania[1] ed extraeuropei come gli Stati Uniti d'America, dove le rivendicazioni investirono soprattutto la

[1] Nel 1970, in Germania Ovest, Andreas Baader, Ulrike Meinhof, Gudrun Ensslin e Horst Mahler fondarono la RAF (Rote Armee Fraktion, «Frazione dell'Armata Rossa»), conosciuta come banda Baader-Meinhof. Sebbene derivante dal movimento sessantottino tedesco, questo gruppo non può però fare testo, sia per l'esiguità degli affiliati sia per la scelta terroristica, un'eccezione rispetto alle scelte operate dalla stragrande maggioranza di chi prese parte ai moti di contestazione. La RAF rimase attiva fino al 1993. In ogni caso, tra il 1976 e 1977 i leader storici della RAF morirono in carcere, secondo modalità che fecero cadere più di un sospetto sul governo tedesco. Nel 1979 in Francia venne fondata Action Directe, che strinse un patto di alleanza con la RAF.

Franco Basaglia nel suo studio, in una foto del 1979 (ANSA).

sfera sociale, l'evoluzione coinvolse molto l'ambito politico. Il '68 italiano, come spesso accade per il nostro Paese, prese una deriva del tutto atipica e, «crescendo», si trasformò in un movimento politico extraparlamentare.
Tuttavia, neppure questo movimento politico poté sfuggire al settarismo insito nella cultura delle sinistre, che pur essendo una tendenza che nella storia si è manifestata in più occasioni, contrapponendo Stalin a Trotzkij e a Mao e Gramsci a Serrati, in Italia fu vissuta in modo particolarmente drammatico.
E dunque, ciò che nacque dall'esperienza del '68 non fu una rappresentanza extraparlamentare, ma più gruppi che all'atto stesso della nascita cominciarono a trovarsi in contrasto (talora anche con una dialettica violenta) tra loro: Lotta Continua, Avanguardia Operaia, Potere Operaio, Unione dei Marxisti Leninisti (PCML), i Trotzkisti di Quarta Internazionale.
Nonostante tutte queste divisioni, che per altro venivano superate senza troppe difficoltà quando si trattava di scendere in piazza, il 18 novembre 1973 Torino visse un momento di grande unità delle sinistre quando si tenne un corteo di oltre centomila persone contro il colpo di Stato cileno dell'11 settembre precedente, con il quale era stato abbattuto il governo progressista di Salvador Allende. «150.000 Compagni per il Cile», titolava *Lotta Continua* il 20 novembre 1973 (la manifestazione si svolse di domenica, e il lunedì i giornali dell'area di sinistra non uscivano). Per una volta anche *La Stampa* si trovava d'accordo, almeno nel titolo: «Decine di migliaia per il Cile» (*La Stampa*, 19 novembre 1973).

STAMPA SERA
Anno 105 - Numero 270

CRONACA INFORMAZIONI

Lunedì 19 Novembre 1973
5

Imponente sfilata di giovani nelle vie del centro

Manifestano in 60 mila la solidarietà per il Cile

Sono giunti da ogni parte d'Europa - Il segretario della sinistra cristiana cilena: "La resistenza dei democratici ha bisogno dell'appoggio di tutto il mondo" - Discorso di Pertini, "vecchio militante antifascista e amico della libertà" - Scontro fra giovani del pci e un gruppo appartenente a "Lotta continua"

Piazza San Carlo: giovani della delegazione cilena cantano inni sudamericani mentre sfila il corteo

Vivace polemica nella dc

Bilancio comunale "no„ di Forze Nuove

Dichiarazioni di Donat-Cattin - S'attende l'incontro con Fanfani - Da questa sera dibattito sulle aziende municipalizzate

Spara tre rivoltellate e ferisce il rivale dopo un litigio per una giovane sposa

Ieri mattina a Chivasso - Il marito della donna è in carcere - Il ferito è un muratore di 30 anni di Montanaro: è stato colpito ad una gamba - Lo sparatore, un operaio, è stato arrestato: aveva ancora l'arma che si era inceppata

Angela Li Sacchi, 19 anni - Guerrino Ferro è stato colpito al polpaccio da Placido Rivilli

Arrestata a Moncalieri una zingara rapinatrice

Taccuino del lettore

Il magistrato contesta a Tarcisio Pan la sua "confessione„ sui due omicidi

Ha mentito su Giovanni La Chioma, ora deve dire la verità sul "giallo" di Fulvio Magliacani

Gare di nuoto per 700 ragazzi

La *Stampa Sera* del 19 novembre 1973, che riporta la notizia della manifestazione per il Cile (Archivio Storico La Stampa).

Poster di Lotta Continua per indire una manifestazione contro il processo al giornale a seguito degli articoli sulla morte di Pinelli (fondo Buonfino, archivio Istituto piemontese per la storia della Resistenza e della società contemporanea).

Nella pagina accanto, manifestazione a Torino contro il governo Andreotti e per chiedere la liberazione di Guido Viale (foto di Dario Lanzardo).

LIBERIAMO GUIDO VIALE
E TUTTI I COMPAGNI ARRESTATI
RAFFORZIAMO LA LOTTA DI CLASSE
NO AL FERMO DI
ANDREOTTI FINIRA' COME
TAMBRONI

Pur sottotitolando la «Vittoria di una linea unitaria di Classe», Lotta Continua non rinunciava alla polemica contro altri raggruppamenti della sinistra. Il linguaggio era proprio del tempo e della collocazione politica:

> Ed è uscito parimenti sconfitto il settarismo di quelle componenti della sinistra che considerano un cedimento il confronto a livello di massa con le componenti riformiste e revisioniste del movimento operaio, o che hanno pensato bene di circoscrivere la solidarietà con il movimento cileno entro l'abito stretto di qualche comitato tagliato su misura più per loro che per il movimento di massa. (*Lotta Continua*, 20 novembre 1973)

Com'è ovvio, *La Stampa* si limitava alla cronaca della giornata, sottolineando che durante il discorso di Sandro Pertini, in quel momento presidente della Camera dei Deputati, contestato dai militanti di Lotta Continua, si ebbe a verificare qualche tafferuglio tra gli stessi e i giovani del PCI:

> Nessun incidente se non la denuncia di Giuliano Bono, 27 anni studente, che ha detto di essere stato aggredito a bastonate. (*La Stampa*, 19 novembre 1973)

Nel complesso, però, il corteo si svolse in modo ordinato, risultando alla fine una grande manifestazione di forza, solidarietà e compattezza. Scriveva ancora *La Stampa*:

> La testa del corteo, formata da operai della FLM, è partita alle 9.30 da piazza Vittorio. I discorsi sono cominciati dal palco di piazza S. Carlo verso le 11, quando una buona metà dei dimostranti era ancora in marcia. Dopo il saluto di un delegato di fabbrica della FIAT, Alessandri, ha preso la parola il segretario della Sinistra Cristiana cilena Luis Badilla. Ha parlato anche a nome di Isabel Allende, il cui arrivo era stato annunciato, ma che è stata impossibilitata a venire.

Con tutta probabilità, questa fu la più significativa e partecipata manifestazione unitaria di una sinistra che per altro, sin dalla seconda metà del '68, era stata balcanizzata in decine di gruppuscoli più o meno significativi. Alcuni di questi, a cavallo tra gli anni Settanta e i primissimi Ottanta si lasciarono convincere a tentare anche l'avventura elettorale, ma con scarsissimi risultati. Ecco una breve panoramica della sinistra extraparlamentare torinese nata dal '68:

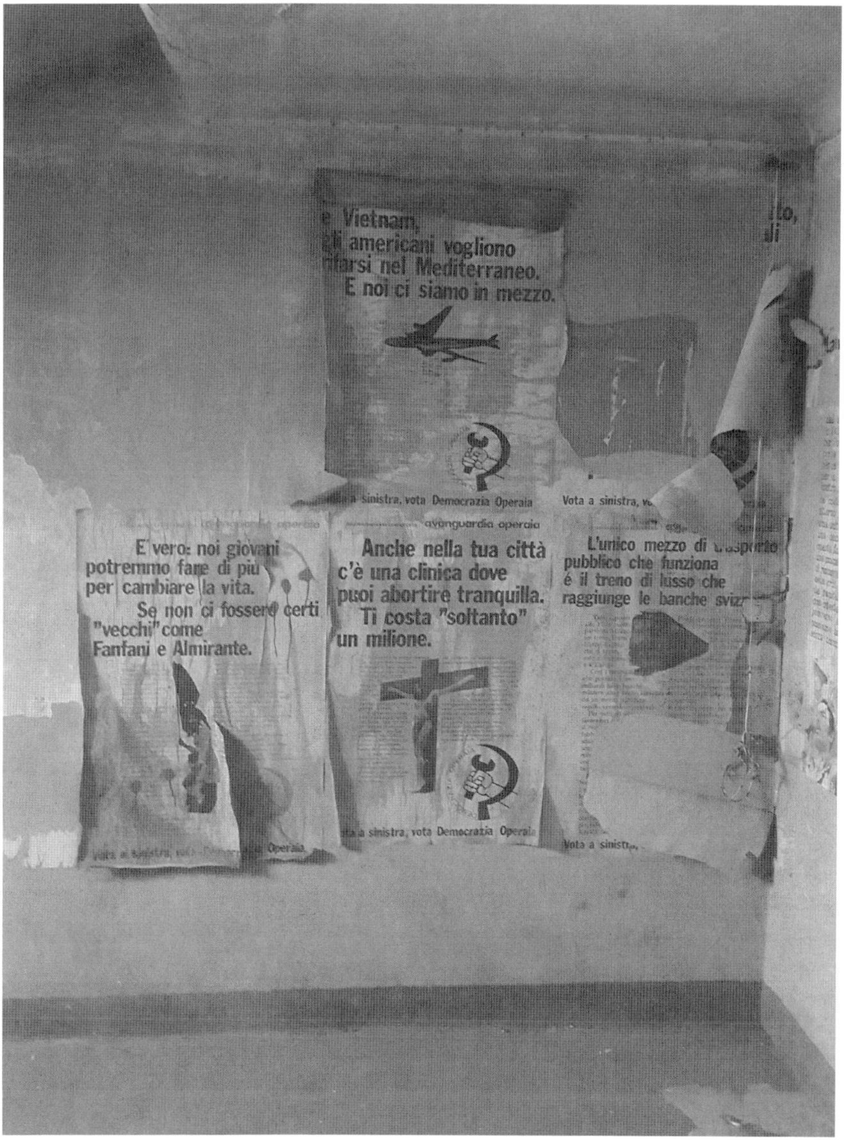

Il sottotetto del dipartimento di Fisiologia all'Università di Torino: ci sono ancora i manifesti nello stanzino in cui gli studenti si riunivano in assemblea.

Straccivendoli in posa di fronte ai manifesti delle elezioni del 1972.

P.C.I.
PSDI
PIU' VOTI AL PSDI
CARTA
Jaffa

POTERE OPERAIO

POTERE OPERAIO

26 marzo 1972
Lire 50
N. 5

UN RIVOLUZIONARIO E' CADUTO

Lo dipingono ora come un isolato, come un avventuriero, come un deficiente o come un crudele terrorista. Noi sappiamo che dopo aver distrutto la vita del compagno Feltrinelli, ne vogliono infangare e seppellire la memoria - come si fa con i parti mostruosi. Sì, perché Feltrinelli ha tradito i padroni, ha tradito i riformisti. Per questo tradimento è per noi un compagno. Per questo tradimento i nostri militanti, i compagni e le organizzazioni rivoluzionarie, gli operai di avanguardia chinano le bandiere rosse segno di lutto per la sua morte. Un rivoluzionario è caduto.

MILANO

Il XIII congresso del Pci

La manifestazione di sabato 11

Il numero di *Potere Operaio* che riporta in prima pagina un articolo sulla morte di Giangiacomo Feltrinelli (ANSA).

Nato in Emilia nel 1967, Pot. Op. (così era conosciuto) fu certo il primo gruppo a organizzarsi, ma fu anche tra i primi a sciogliersi, in quanto rimase attivo soltanto fino a tutto il 1973. A Torino, i leader di questo raggruppamento erano i «reduci» dello scioglimento della Lega studenti-operai e della spaccatura provocata dall'ala operaista a seguito del fallimento dell'assemblea nazionale tenutasi in città nel luglio 1969. Nel settembre di quello stesso anno uscì anche il primo numero del settimanale intitolato al gruppo di cui era organo. Ne fu primo direttore Franco Tolin, che a seguito di un articolo fu arrestato e condannato a un anno e cinque mesi per «istigazione degli operai alla rivolta contro lo Stato».

Certo Potere Operaio rappresentò l'ala più radicale della sinistra operaista italiana, ed ebbe come ispiratore il filosofo Mario Tronti, tra i fondatori della rivista *Classe operaia*, che nella sua opera più famosa, *Operai e capitale* (Enaudi, Torino 1971), proponeva un lettura innovativa del Capitale di Marx in cui si sottolinea, tra l'altro, come lo sfruttamento capitalistico esasperato nelle linee di montaggio fosse responsabile da un lato della massificazione della figura dell'operaio e dall'altra della sua alienazione. In Potere Operario ebbero ruoli di primo piano figure che poi furono vicine o parte delle Brigate Rosse come Franco Piperno, Oreste Scalzone, Toni Negri e Valerio Morucci, e fu ritenuto responsabile del rogo romano di Primavalle dell'aprile 1973, quando nell'incendio dell'abitazione di Mario Mattei, segretario di una sezione circoscrizionale del Movimento Sociale Italiano, morirono i suoi due figli Stefano e Virgilio.

Alla dissoluzione del gruppo, parte della sua esperienza fu raccolta da Autonomia Operaia, che continuò a pubblicare Potere Operaio fino al 1975.

Potere Operaio, un numero del 1972.

Operai e capitale di Mario Tronti costituì un punto di riferimento per l'analisi dell'operato marxista in cui si riconoscevano gruppi come Potere Operaio.

Una foto del 16 aprile 1973 mostra il corpo di Virgilio Mattei, morto carbonizzato nella sua abitazione nel quartiere di Roma Primavalle (ANSA).

LOTTA CONTINUA

La redazione di *Lotta Continua*

Nacque nel settembre 1969 a Torino, auspici Adriano Sofri, Umberto Carpi e Romano Luperini. Il gruppo si formò attorno all'omonimo settimanale che dal 1972 divenne quotidiano. Sostenitore di un operaismo più attenuato rispetto a Potere Operaio, Lotta Continua vide a Torino Guido Viale, Enrico Deaglio e Luigi Bobbio tra i leader più carismatici. Nella redazione del giornale, invece, si formarono giornalisti destinati poi a diventare famosi

LOTTA CONTINUA

Torino: il processo ai 53 compagni arrestati il 29 maggio

S. Benedetto del Tronto: continua la lotta dei marinai della Copea

PER IL COMUNISMO

Lotta Continua, un numero del 1971.

come Gad Lerner, lo stesso Deaglio, Giampiero Mughini, Paolo Liguori, Toni Capuozzo. Lotta Continua ebbe anche un'esperienza elettorale nel 1976, quando alle politiche creò la lista comune Democrazia Proletaria con altri raggruppamenti quali Avanguardia Operaia, Partito di Unità Proletaria per il Comunismo e Movimento dei Lavoratori per il Socialismo. L'avventura non portò grandi frutti, l'intero «cartello» raccolse l'1,5% dei voti ed ebbe sei eletti (di cui uno solo, Mimmo Pinto, di Lotta Continua). L'avventura di Lotta Continua finì nella seconda metà degli anni Settanta; alcuni componenti fondarono con i reduci di Potere Operaio le formazioni armate di Prima Linea, così chiamate perché suoi militanti venivano dai servizi d'ordine dei due movimenti, ovvero dalla prima linea.

AVANGUARDIA OPERAIA

Paolo Sollier legge un numero del *Quotidiano dei lavoratori.*

Insieme a Lotta Continua, Avanguardia Operaia con tutta probabilità fu il più numeroso raggruppamento dell'arco della sinistra extraparla-

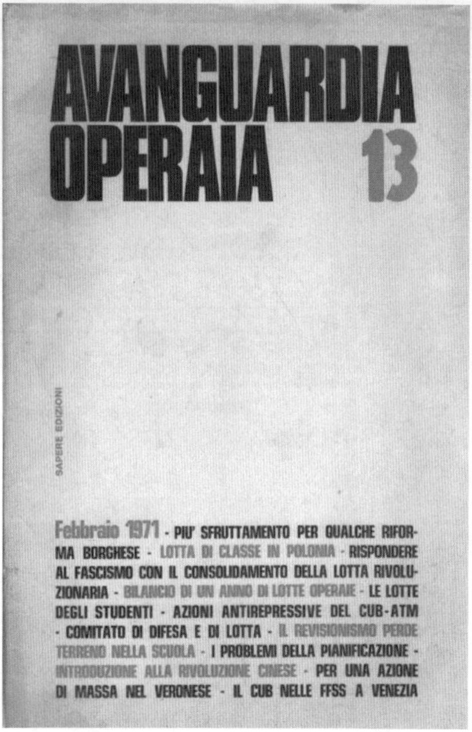

Un numero di *Avanguardia Operaia* del 1971.

mentare. Nacque a Milano nel 1968, da un *rassemblement* di gruppuscoli provenienti dalle file del movimento studentesco e operaio: i CUB, i circoli Rosa Luxemburg e Lenin di Venezia, i collettivi Gramsci e altri raggruppamenti minori. Fu forse il gruppo politico capace di fornire le analisi più serie e scrupolose della situazione che si stava vivendo, perché guidato da intellettuali provenienti da esperienze culturali di grande respiro, come quelle nate attorno alle riviste *Quaderni Rossi* e *Classe operaia*. Il programma di Avanguardia Operaia prendeva ispirazione da una piattaforma politica operaista e leninista, e in particolare a Torino, insieme agli operai, vide la partecipazione di numerosi studenti e intellettuali, legati soprattutto alle esperienze di Vittorio Rieser, che tanto tempo dedicò a diffondere tra gli studenti il tema dell'operaismo, riconducendo il programma alla centralità delle fabbrica. Altri leader di primo piano furono Silverio Corvisieri e Massimo Gorla. Dal 1974 il raggruppamento dispose anche di un giornale, il *Quotidiano dei lavoratori*, diretto dallo stesso Corvisieri. Nel 1975, Avanguardia Operaia presentò alle elezioni amministrative la lista Democrazia Operaia (DO), che ottenne 10.525 voti e un seggio in consiglio comunale. Venne eletto Bruno Canu, operaio della FIAT. Come per Lotta Continua, anche questo partito nel 1976 aderì al cartello elettorale delle sinistre denominato Democrazia Proletaria, raggiungendo il modesto risultato già menzionato.

Manifesto di un'assemblea di Palazzo Nuovo, con i movimenti che aderirono alla lista Democrazia Proletaria (Centro Studi Piero Gobetti, tutti i diritti riservati).

UNIONE DEI MARXISTI-LENINISTI

Una prima pagina di *Servire il popolo.*

Nato nel 1968 a Roma con la denominazione di Unione dei Comunisti Italiani (Marxisti-Leninisti), questo raggruppamento mutò nome nel 1972, diventando il Partito Comunista Marxista-Leninista Italiano (PCML). Ne erano a capo Aldo Brandirali, Enzo Lo Giudice e Claudio Meldolesi, provenienti dall'esperienza del movimento studentesco e del PSIUP (Partito Socialista Italiano di Unità Proletaria), dissoltosi dopo alcuni fallimentari esiti elettorali. Dopo la rivoluzione culturale cinese, iniziata nel 1966, il gruppo assunse una deriva maoista, presentandosi come avanguardia leninista cui era demandato il compito di educare e indottrinare le masse per condurle verso la rivoluzione. Da questo il titolo della testata settimanale, *Servire il popolo*, che i militanti del partito vendevano nelle piazze durante le manifestazioni. Minato da dissidi interni, accuse reciproche di revisionismo e conseguenti espulsioni, il gruppo si sciolse a metà anni Settanta, non prima di tentare l'avventura elettorale nelle consultazioni del 1972, quando raccolse lo 0,26% dei consensi. Il leader carismatico, Brandirali, espulso sin dal 1974, mantenne vivo il suo interesse per la politica transitando a piccoli passi per la DC e Comunione e Liberazione, fino ad approdare in Forza Italia.

Manifesto di Lotta Continua (Centro Studi Piero Gobetti, tutti i diritti riservati).

BIBLIOGRAFIA

AA.VV. (scuola di Barbiana), *Lettera a una professoressa*, Libreria Editrice Fiorentina, Firenze 1967.

AA.VV., «Cinque lezioni sul '68», dossier in *Rossoscuola*, n. 1, Torino 1982.

AA.VV., *Le vere ragioni, 1968-1976*, atti del convegno di Democrazia Proletaria (dicembre 1985), Mazzotta, Milano 1985.

AA.VV., *Il Sessantotto: l'evento e la storia* (a cura di Pier Paolo Poggio), annali della fondazione Luigi Micheletti, Brescia, 1989.

AA.VV., *Storia di Torino*, volume IX, Einaudi, Torino 1999.

AA.VV., *1969-1977. Lotte operaie a Torino. L'esperienza dei Cub, Comitati Unitari di base*, Punto Rosso, Milano 2009.

AA.VV., *Sessantotto*, numero monografico di *Millennium*, n. 6 (ottobre 2017), edizioni Il Fatto Quotidiano, Milano.

Balestrini, Nanni, *Vogliamo tutto*, Feltrinelli, Milano 1971.

Balestrini, Nanni, Moroni, Primo, *L'orda d'oro. 1968-1977*, SugarCo, Milano 1988 (edizione consultata Feltrinelli, Milano 2015).

Basaglia, Franco, Basaglia Ongaro, Franca, *Morire di classe. La condizione manicomiale fotografata da Carla Cerati e Gianni Berengo Gardin*, Einaudi, Torino 1969.

Benenati, Elisabetta, *Il mondo sindacale dagli anni Cinquanta alla soglia degli anni Settanta*, in *Storia di Torino*, volume IX, Einaudi, Torino 1999.

Bermani, Cesare, *Una storia cantata. 1962-1997. Trentacinque anni di attività del Nuovo Canzoniere Italiano*, Jaca Book, Milano 1997.

Bobbio, Luigi, *Lotta continua. Storia di una organizzazione rivoluzionaria*, Savelli, Roma 1979.

Boffano, Ettore, Torino, Palazzo Campana. *Lo storico, il cronista e l'enigma del potere, in Millennium*, mensile del *Fatto Quotidiano*, n. 6, (ottobre 2017).

De Luna, Giovanni, *Aspetti del movimento del '68 a Torino*, in Agosti, Aldo, Passerini, Luisa, Tranfaglia, Nicola (a cura di), *La cultura e i luoghi del '68*, Franco Angeli, Milano 1991.

De Luna, Giovanni, *Storia del Partito d'Azione*, UTET, Torino 2006.

De Luna, Giovanni, *Le ragioni di un decennio. 1969-1979. Militanza, violenza, sconfitta, memoria*, Feltrinelli, Milano 2011.

Della Mea, Luciano, *Eppur si muove,* Jaca book, Milano 1970.

Dentice, Fabrizio, «E adesso occupiamo le fabbriche», in *l'Espresso*, 7 aprile 1968.

Di Giovanni, Eduardo M., Ligini, Marco, Pellegrini, Edgardo, *La Strage di Stato. Controinchiesta,* Samonà e Savelli, Roma 1970.

Dieduszycki, Michele, *Pagine sparse. Fatti e figure di fine secolo*, Ibiskos, Firenze s.d.

Lanzardo, Dario, *La rivolta di Piazza Statuto. Torino luglio 1962*, Feltrinelli, Milano 1979.

Lanzardo, Luigi, *Cronaca della Commissione operaia del Movimento studentesco torinese, dicembre 1967-maggio 1968*, Centro di documentazione di Pistoia, Pistoia 1997.

Mammarella, Giuseppe, *L'Italia dopo il fascismo. 1943-1973*, Il Mulino, Bologna 1975.

Massola, Umberto, *Marzo 1943 ore 10*, Edizioni di Cultura Sociale, Roma 1950.

Monicelli, Mino, *L'ultrasinistra in Italia: 1968-1978*, Laterza, Roma-Bari 1978.

Nozzoli, Guido, Paoletti, Pier Maria, *La Zanzara. Cronache e documenti di uno scandalo*, Feltrinelli, Milano 1966.

Piancicola, Cesare, *Palazzo Campana, quarant'anni fa*, in *École*, n. 68 (dicembre 2007).

Papuzzi, Alberto, *Portami su quello che canta. Processo a uno psichiatra* (scritto con la collaborazione di Piera Piatti), Einaudi, Torino 1977.

Rossanda, Rossana, *L'anno degli studenti*, De Donato, Bari 1968.

RINGRAZIAMENTI

Per la ricerca iconografica, l'autore e l'editore ringraziano:
Liliana Lanzardo;
l'Archivio Storico della Città di Torino;
l'Istituto piemontese per la storia della Resistenza e della società contemporanea;
l'Istituto per la Memoria e la Cultura del Lavoro, per la concessione delle immagini del sito internet *www.mirafiori-accordielotte.org;*
l'Archivio storico La Stampa;
la Fondazione Vera Nocentini;
il Centro Studi Piero Gobetti.

Edizioni del Capricorno